W0060109

Schirner
Verlag

Reinhard Stengel

SEELEN
FESSELN *lösen*

Wie wir ein selbstbestimmtes,
erfolgreiches und
heiles Leben führen

Schirner
Verlag

Wir verzichten auf das Einschweißen unserer Bücher – UNSERER UMWELT ZULIEBE!

ISBN 978-3-8434-1388-6

Reinhard Stengel:
Seelenfesseln lösen
Wie wir ein selbstbestimmtes,
erfolgreiches und heiles Leben führen
© 2019 Schirner Verlag,
Darmstadt

Umschlag: Simone Fleck, Schirner,
unter Verwendung von # 453635980
(© PopTika) und # 109105712
(© Attitude), www.shutterstock.com
Layout: Simone Fleck, Schirner
Lektorat: Uta Frieling,
Bastian Rittinghaus, Schirner
Printed by: Ren Medien GmbH, Germany

www.schirner.com

1. Auflage Juni 2019

Inhalt

Vorwort

▽▲

Die Seele:

Alle, die in den letzten Jahrhunderten in Europa aufgewachsen sind, kannten diesen Begriff hauptsächlich aus der Kirche, die augenscheinlich um unser Seelenheil – die Gesundheit und Ganzheit unserer Seele – besorgt ist. In unserem heutigen, durchtechnologisierten Leben ist allerdings, wenn wir nicht bereits die Lehren der Schamanen kennengelernt haben, wenig Platz für die Seele. Und doch, wenn wir die deutsche Sprache durchforsten, stoßen wir auf Begriffe, die uns nicht nur geläufig sind, sondern die wir in scheinbar ganz nüchternen, weltlichen Zusammenhängen anwenden. Da wäre zum Beispiel die *Seelennahrung* – im übertragenen Sinne das, was uns auf tiefster Ebene guttut und nährt. Der *Seelenfrieden* als Bezeichnung für einen Zustand der Ruhe, Gelassenheit und Zufriedenheit. Die *Seelenruhe,* ähnlich, aber nicht identisch, die besagt, dass wir uns durch nichts aus unserer inneren Ruhe bringen und uns nicht beirren lassen. Der *Seelenpartner* oder die *Seelenschwester* – Menschen, mit denen wir uns zutiefst verbunden und von denen wir uns verstanden fühlen.

Liest du dir diese Begriffe mit ihren Bedeutungen noch einmal durch, dann bekommst du eigentlich schon eine gute Vorstellung davon, wie es aussieht oder sich anfühlt, wenn deine Seele und du im Einklang seid.

Überall, wo dein Leben nicht in Harmonie ist, ist das am Werke, was ich als »Seelenfessel« bezeichne: Einflüsse und Prägungen aus deiner frühen Kindheit, Gedankenformen, die du selbst erschaffen oder von deinen Ahnen übernommen hast, sowie schattenhafte Erinnerungen aus deinen früheren Inkarnationen. Diese blockierenden Einflüsse wirken aus der tiefsten Tiefe deines Unterbewusstseins, und so sind es oft erst konkrete schmerzhafte Erlebnisse oder Unpässlichkeiten, die uns merken lassen, dass etwas im Argen liegt. So ging es jedenfalls mir!

Befreist du dich mithilfe eines Seelenschamanen oder seelenschamanischer Techniken von diesen Fesseln und löst die verborgenen Blockaden auf, so kehrt Harmonie in dein Leben zurück. Das bedeutet nicht, dass du von jetzt an nur noch glücklich sein, nie wieder eine schmerzhafte Erfahrung machen wirst oder dass du morgen im Lotto gewinnst. Aber es bedeutet, dass du ein Leben führen wirst, das wirklich zu dir passt. Du wirst Entscheidungen frei und unbelastet von alten Verletzungen und Wertigkeitsthemen treffen können. Du wirst dein volles Potenzial entfalten und zu der Person werden, die deine Seele geplant hat, zu sein.

Die seelen-schamanische Sicht des Lebens

Je mehr sich unsere Lebensweise technologisiert und von der Natur entfernt, desto häufiger scheinen die Menschen Heilung neben der Schulmedizin und der klassischen Psychologie in traditionellen Lehren zu suchen – in Methoden, wie sie von Medizinmännern und -frauen oder Schamanen/-innen verschiedener Naturvölker heute noch praktiziert werden. Anscheinend können die Erkenntnisse und Erfahrungen und die daraus entwickelten Wege dieser nach alten Traditionen naturnah lebenden Menschen uns etwas bieten, was wir in unserer zivilisierten Welt verloren haben: einen Heilungsweg, der nicht nur unseren Körper und unsere Gedanken betrachtet, sondern der sich auf unsere Seele konzentriert. Denn wo in unserer schnelllebigen Welt, in der wir von einem »Ich muss« zum nächsten hetzen, ist noch Zeit oder Platz für unsere Seele? Wer von uns kann sagen, er versteht, was seine Seele ihm sagen möchte, welcher Sprache sie sich bedient und welche Muster sie belasten? Und wo, zwischen Handyklingeln und E-Mails-Abrufen, haben wir die Muße, nach innen zu lauschen? Doch genau dies wieder zu erlernen, ist der erste Schritt zur Heilung.

Vielleicht stellst du dir jetzt – berechtigt – die Frage, wie die Seele, die doch der Inbegriff von Freiheit und Reinheit ist, gefesselt sein kann. Nun, als Fesseln bezeichne ich alle Einflüsse und Prägungen, die auf irgendeine Weise die freie Entfaltung des Seelenplans verhindern. Welche das sein können und woher sie kommen, schauen wir uns im Laufe des Buches genau an. Außerdem gebe ich dir einfache Übungen an die Hand, die dich dabei unterstützen, die Sprache deiner Seele (wieder) verstehen zu lernen und die hinderlichen Prägungen aufzuspüren. Haben wir dann die Seele von ihren Blockaden befreit, alle fesselnden Muster gelöst, sodass sich der Seelenplan wieder frei entfalten kann, folgt fast automatisch die Gesundung von Körper und Geist. Wir werden zu dem, der wir eigentlich sind. Diesen Prozess nenne ich den »Seelenschamanismus«.

Zuerst einmal möchte ich dir einen Einblick in meine Sichtweise eröffnen, die sich aus all den Erkenntnissen entwickelt hat, die ich bei verschiedenen Naturvölkern und während meiner Arbeit mit der Geistigen Welt gewinnen durfte. Daraus habe ich Techniken entwickelt, mit denen sich vorhandene Blockaden einfach und schnell aufspüren und beseitigen lassen. Du brauchst nun aber nicht zu fürchten, dass du dich im nächsten Esoterikladen mit Adlerfedern und teuren Kristallen eindecken musst, um später in einem großen Ritual um ein Feuer zu tanzen. Die Techniken und Methoden meines Seelenschamanismus, von denen dir manche vielleicht in ähnlicher Form schon einmal woanders begegnet sind, sind alle erstaunlich einfach.

Bevor wir beginnen, uns den Fesseln der Seele zu nähern, ist es wichtig, dass du verstehst, wie dein Wirken dein Leben beeinflusst und wie du durch dein Denken und dein Handeln den Weg, den du gehst, veränderst. Denn du selbst bist derjenige, der durch sein eigenes Bewusstsein deine Realität erschafft, die wiederum deine Sichtweise bestimmt. Alle Teile unseres Lebens sind miteinander verbunden und beeinflussen sich gegenseitig.

Betrachtest du deine Probleme auf diese Weise, so wird klar, dass nicht nur die Ursache vieler Themen, die dich heute beschäftigen, sondern tatsächlich der Ursprung deines Bewusstseins, mit dem und durch das du die Welt erlebst, weit zurück in deiner Kindheit oder sogar in deinen früheren Leben liegen kann.

Betrachtet man unsere Entwicklung – und die unseres Bewusstseins – von der Zeit, als wir in den Kindergarten gingen, bis zum Ende der Schul- und Studienzeit oder beruflichen Ausbildung, dann wird deutlich, wie all die sogenannten Experten unsere Sicht der Dinge und unsere Denkweise so geprägt haben, dass wir verlernt haben, unser Unterbewusstsein oder Bauchgefühl wahrzunehmen. Fast könnte man den Eindruck gewinnen, dass selbstständiges Denken nicht erwünscht sei und wir den Zugang zu unserem Bauchgefühl, das die Sprache ist, über die unsere Seele mit uns kommuniziert, absichtlich aberzogen bekommen hätten. In jedem Fall ist die Folge dieser Prägung, dass wir unsere Probleme so gut wie gar nicht mehr selbst lösen können, sondern uns im Gegenteil permanent neue Probleme erschaffen. Unsere frühen Prägungen wirken wie ein Filter, der unsere Wahrnehmung der Welt verändert oder gar verzerrt, sodass wir unseren Weg nicht mehr klar sehen können. Und nicht nur das: Im selben Maße, in dem wir verlernt haben, unsere eigene Seele zu hören und zu verstehen, haben wir auch verlernt, mit anderen beseelten Wesen um uns herum – Steinen, Pflanzen, Tieren und sogar Menschen – zu kommunizieren und in Achtsamkeit umzugehen. Unsere moderne Art, zu leben, bei der wir immer dem Erfolg hinterherrennen und bedacht sind, Achtung, Beachtung und Aufmerksamkeit zu bekommen, dient eigentlich nur dem Ziel, nach außen hin ein souveränes, erfolgreiches Image zu erzeugen. Dieses Image allerdings nährt uns nicht, es ist nichts als eine hübsche – oder weniger hübsche – Fassade. Meine Aufgabe ist es deshalb stets, dich an deine innere Weisheit zu erinnern und dich darin zu unterstützen, das Vertrauen in deine eigenen Erfahrungen und Wahrnehmungen wiederzuerlangen. Alles andere ergibt sich von selbst.

Mein Weg zum Seelenschamanismus

Am 9. Oktober 1950, morgens um Viertel nach sieben, kam ich in Wien auf die Welt. Die Sonne stand im Zeichen der Waage, mein Aszendent, wie Astrologen mir später berechneten, stand ebenfalls in diesem Sternzeichen. Diese Konstellation, so meinten sie, sei glücklich. Ich würde Erfüllung finden, wenn es mir gelänge, den Reichtum meines Herzens, meines Wissens und Könnens wie auch meine Sichtweise in den Dienst der Menschheit zu stellen, um die Verhältnisse in dieser Welt zu ändern, damit sich die Menschen besser in ihr einrichten könnten. Ganz der Waage entsprechend, würde ich mich am wohlsten fühlen, wenn ich in mir selbst Harmonie herstellen und diese auch auf meine Außenwelt übertragen könne. In der Mitte zu sein, eine Balance zu finden, sei meine Aufgabe. Später habe ich mich noch einmal mit einem Astrologen, der ein sehr guter Freund von mir ist, über dieses Thema unterhalten. Er erklärte mir, dass aufgrund meines Sternzeichens und dieser Konstellation ein tief greifendes Wissen in mir stecke, das sich aber nur entwickeln könne, wenn ich gut auf mich selbst achte und es schaffe, mich im Laufe der Jahre von den Seelenfesseln der alten Erinnerungen und Blockaden zu befreien. Nun, das gelang, und nun lebe und arbeite ich genau gemäß meiner Veranlagung und Bestimmung!

Mein Lebensweg begann also in Wien. Mein Vater kehrte nach den Wirren des Krieges und einer langen Gefangenschaft in Sibirien zu uns zurück, fand aber lange keine Arbeit. So hatte er viel Zeit für mich, was ich genoss, da ich schon als kleiner Junge eine sehr intensive Verbindung zu meinen Eltern spürte, die ich erst im Nachhinein richtig deuten konnte. Wir zogen viele Tage in den Donau-Auen um Wien umher, durch die Wälder und an den Flüssen entlang, und auf diesen für mich sehr lehrreichen Streifzügen durch die Natur durfte ich von meinem Vater viel über das Leben und das Überleben in der Natur hören. Ich lernte, mit ihr eins zu sein, ihre Zeichen zu deuten und ihre Sprache zu verstehen, mit den Bäumen und den Steinen zu reden, sie um Rat zu fragen. Durch diese Wanderungen mit meinem Vater lernte ich früh die ersten Techniken kennen, mit denen ich mich mit der Natur verbinden konnte. Aber diese für mich schöne Zeit ging bald vorbei, da meine Eltern sehnsüchtig über die Grenze nach Deutschland blickten, wo sich mehr Chancen aufzutun schienen. Der Hoffnung folgten bald Taten, und so kehrten wir meiner Geburtsstadt alsbald den Rücken.

Nach Friedrichshafen, an die Ufer des Bodensees, verschlug es uns, und dort bin ich fortan aufgewachsen. Der See und die Rotach, jener kleine Fluss zwischen Bunkhofen und Rotachmühle, der aus dem Pfrungener Ried über Horgenzell und Oberteuringen fließt und im Eriskircher Ried in den Bodensee mündet, wurden mein neues Revier. Langeweile war mir gänzlich unbekannt: Stundenlang streifte ich, nun ohne den Vater, durch die Wälder, beobachtete Tiere, kletterte auf Bäume, drehte Steine um und bestaunte die Insekten darunter, träumte unter Bäumen und dem freien Himmel. So erschuf ich durch mein Bewusstsein, meine Sichtweise, meine eigene Realität. Ich erforschte diese Welt und tauchte so tief in sie ein, dass ich mich selbst und die Zeit oft völlig vergaß. Spielkameraden vermisste ich nicht, denn ich fühlte mich niemals einsam. Bäume, Pflanzen und Tiere, die spannenden Höhlen und vor allem die Steine im flachen Flussbett genügten mir. Erst viel später wurde mir bewusst, dass die Steine eine wichtige Botschaft für mich und meine spirituelle Entwicklung bereithielten.

Diese Botschaft, die sich als richtungsweisend herausstellen sollte, durfte ich als Erwachsener genauer spüren. Die Kraft der Steine erlebte ich in Montana bei einem Ritual in einem Steinkreis, in dem ich meine erste lange Meditation durchführte. Dabei durfte ich erstmals in diesem Leben erfahren, wie kraftvoll die Steine wirklich sind. Zur Vorbereitung einer Meditation, die drei Tage und drei Nächte dauern sollte, wurde ein Steinkreis gelegt, dessen Aufgabe darin bestand, während des Rituals Tiere fernzuhalten, die mich sonst stören oder gar mein Energiefeld unterbrechen könnten. (Wenn du selbst einen Hund oder eine Katze hast, dann weißt du, wovon ich rede!) Nach den drei Tagen der Meditation war deutlich sichtbar, dass dieser Schutzkreis tatsächlich funktioniert hatte: Rings um den Kreis waren Spuren von Rehen, Schlangen, einem Fuchs und zahlreichen Käfern und Spinnen zu sehen. Sie führten bis zu dem Kreis, an ihm entlang oder um ihn herum, aber keine über seinen Rand hinüber. Die Steine hatten mich und mein Energiefeld drei Tage und Nächte lang wirkungsvoll beschützt.

Um die Alchemie der Natur und ihre Geheimnisse erforschen zu können, braucht man Zeit für sich, muss frei von Ablenkung sein. Und dort, an den Ufern des Sees und des Flusses, fühlte ich mich schon früh zu Hause, fühlte mich wohl, fühlte, dass das nun meine Heimat war. Ich erlebte eine Freiheit, die meiner Meinung nach den Kindern heute fehlt. Natürlich kann man Freiheit nur als solche erkennen, wenn man das Gegenteil, wie bei Licht und Dunkel, das Gefühl des Eingesperrtseins und der Unfreiheit kennt – die Enge und den Zwang der Schule, der Ausbildung oder später der Notwendigkeit, arbeiten zu gehen. Heute, so scheint es mir, erleben besonders die Kinder zu viel von Letzterem und zu wenig von Ersterem. Der Tag ist durchgeplant, und viele Kinder erfahren eine Rundumbetreuung, die ihnen viele Entwicklungsmöglichkeiten verwehrt. Selbst Abenteuer zu erleben – das trauen sich manche Kinder gar nicht mehr, oder sie haben keine Zeit dazu, weil sie von der Menge der Haus-

aufgaben und dem organisierten Freizeitangebot ihrer ehrgeizigen Eltern schlicht überfordert sind. So sitzen sie Tag für Tag drinnen vor dem Fernseher, ihren Computern und sonstigen elektronischen Geräten und verlieren immer mehr den Kontakt zur Natur, zur Welt der Lebendigkeit – ebenso, wie es ihre Eltern vor langer Zeit getan haben. Nur wenn man in Kontakt mit der Natur und dem Leben ist, bleibt man auch in Kontakt mit der eigenen Lebendigkeit, der Seele. Es ist schwierig, Dinge zu verstehen, aber leicht, sie zu erfahren. Erfahrungen macht man aber nicht vor dem Fernseher.

Mir war schon in meiner Kindheit die Welt der Geistwesen, der Elfen, Feen, Zwerge und Gnome, die ich mit meinem inneren Auge wahrnehmen konnte, vertraut, und ich konnte mit ihnen auf der geistigen Ebene Kontakt aufnehmen. Kindern bis zum siebten Lebensjahr fällt dies übrigens generell noch ganz leicht, und ich hatte das Glück, diese Fähigkeit nicht zu verlernen. Es ist keine besondere Gabe dazu nötig, und man braucht auch keine besondere Technik: Alles, worauf dein Blick fällt, sendet Schwingungen aus. Diese Schwingungen treffen auf deine physischen Augen, aber auch auf dein Drittes Auge, deinen inneren Sehsinn. Das Dritte Auge übersetzt diese Schwingung genau, wie es deine physischen Augen mit einem anderen Teil der Schwingungen machen, in ein Bild, und so zeigt sich dir ein Apfelbaum als Naturwesen. Du weißt dann, dass unter oder in diesem Baum ein Zwerg, ein Gnom oder eine Elfe wohnt. Das Bild, das in deinem Inneren aufgrund dessen entsteht, was der Apfelbaum dir an Schwingungen sendet, ist die Sprache der Naturwesen.
Durch diese Erfahrungen, die ich auf den inneren Ebenen machen durfte, entwickelte ich ein anderes, neues Bewusstsein für meine äußere Realität, und meine Sichtweise auf das Leben veränderte sich total.

Später erlernte ich jedoch nicht etwa einen Beruf, der mir viel Zeit in der Natur beschert hätte, wie zum Beispiel Förster oder Landwirt. Ich entschied mich, Kfz-Mechaniker zu werden, und eröffnete später eine eigene kleine Werkstatt. Ich arbeitete hart, fasste immer sicherer Fuß in der Welt der Wirtschaft, sodass aus der Werkstatt ein Autohaus wurde, das immer weiter wuchs. Ein befreundeter Arzt riet mir zu einer Auszeit, und ich flog in die USA, wo ich durch glückliche Umstände Fred, einen Schamanen der Crow-Indianer, kennenlernte. Er führte mich in die Welt des Seelenschamanismus ein, brachte mir das schamanische Reisen bei, saß mit mir in Schwitzhütten, begleitete meine Visionssuche, gab mir den Namen »Rainbowman«, weil er über mir einen Regenbogen in der Prärie gesehen hatte, und war mir ein guter Freund. Es war eine Zeit außergewöhnlicher Erlebnisse, die mich zurück zu dem führten, was ich als Kind so geliebt hatte: die Natur!

1986 hatte ich diesen ersten intensiven Kontakt zum Schamanismus, ich entschied mich aber erst 2004, meinen Beruf aufzugeben und als Seelenheiler und Schamane zu wirken. Und erst im Laufe der Zeit hat sich meine Fähigkeit, mit der Geistigen Welt zu kommunizieren, so weiterentwickelt, dass ich mein Wissen auch in vielen Büchern niederschreiben konnte.

Heute bin ich als *Rainbowman* ein erfolgreicher Vortragsredner, Coach und Mentaltrainer, der im gesamten deutschsprachigen Raum die Säle füllt ... und lebe also genau das, was vor so vielen Jahren der Astrologe als meine Bestimmung gesehen hat.

# Meine Vision

Erst durch die Krankheiten oder, wie wir im Schamanismus sagen, durch die Unpässlichkeiten, dich ich erlitten hatte, fand ich die Bereitschaft, meiner wahren Bestimmung, meinem Seelenplan, zu folgen. Ich erinnerte mich plötzlich daran, wie das alte Wissen in meiner Kindheit wach gewesen war, ehe ich es in der alltäglichen Routine des Geschäftslebens hatte einschlafen lassen.

Mit einem Mal nahm ich meine Seele wieder wahr, ich gelangte zu einem neuen Körperbewusstsein und fand nicht nur zu meinem Bauchgefühl zurück, sondern auch zu dem Vertrauen zu ihm – ließ also meine Intuition und nicht mehr allein meinen Verstand entscheiden.

Diese Erfahrungen möchte ich mit allen Seelen teilen und sie mitnehmen auf das Abenteuer, auf das man sich begibt, wenn man beginnt, sich selbst (wieder-) zu entdecken. Meine Vision ist es, mithilfe meiner schamanischen Techniken und durch mein schamanisches Wissen allen Menschen zu helfen, die bereit sind, diese Energien und Kräfte in sich wachzurufen.

Noch immer ist das geschriebene Wort für viele Menschen ein Einstieg, ein Ansatzpunkt, vielleicht ein Fingerzeig, um das eigene Leben zu verändern. So will auch ich mit diesem Buch dieser Tradition folgen.

Wie heilt ein Schamane?

Diese Frage wird immer wieder gestellt – und die kurze und klare Antwort lautet: Gar nicht! Der Schamane heilt nicht, er entfernt lediglich Blockaden, sodass der Mensch fähig wird, seine ureigenen Selbstheilungskräfte zu aktivieren und zu nutzen. Im Fokus stehen nicht einzelne Symptome, die behandelt werden, sondern der ganze Mensch mit seinem kompletten Energiesystem, in das der Schamane aufgrund seiner Anbindung an die Geistige Welt Einblick erhält. Der Schamane versenkt sich, schaut in die andere Welt und bekommt Informationen über die seelischen Hintergründe, die zu einem Leiden des Körpers (oder des Geistes oder der Finanzen …) geführt haben. Sind die Blockaden aufgelöst, fließt die Energie wieder, der Körper kommt zurück in seine Mitte, und das Leiden darf gehen, da es seinen Zweck – nämlich, auf die Fesseln der Seele hinzuweisen – erfüllt hat.

Seele und Seelenplan

Im Seelenschamanismus gehen wir davon aus, dass alles, was ist, auch beseelt ist: die Steine, die Pflanzen, die Tiere, Flüsse, ganze Landschaften, die Erde selbst, aber im Kleinen auch unsere Organe und unsere Zellen. Ihre Seelen verstehen wir als eigenständige, individuelle Geistwesen oder Energieformen, die sich für jede Inkarnation in einen Körper welcher Art auch immer begeben, weil sie ihn für die gewählten Erfahrungen brauchen. Die Seele lässt sich im Körper nieder wie in einem Haus, und so, wie wir unsere Wohnung nach unseren Vorstellungen einrichten, drückt sich die Seele durch ihren Körper aus. Wir westlichen Menschen sind daran gewöhnt, Dinge und Konzepte genau zu definieren und in Formeln darstellen zu können. Die Seele jedoch entzieht sich solcher Definition, sie lässt sich in kein Muster drängen. Am besten verstehst du die Seele, wenn du sie erfährst oder erfühlst.

Aus der Sichtweise der Schamanen plant jede Seele vor ihrer Inkarnation, was genau sie in diesem Leben auf Mutter Erde an Erfahrungen sammeln, welche Lektionen sie lernen möchte oder noch lernen darf. Die Informationen, die ich während meiner Meditationen aus der Geistigen Welt erhalten habe, bestätigen diese Anschauung. Die Seele selbst kommt aus einer Sphäre, in der es weder Raum noch Zeit, weder Schmerz noch Freude gibt. Sie braucht einen irdischen Körper, um Erfahrungen mit diesen Erlebnisformen sammeln zu können. Und da die Seele selbst nicht zwischen Schmerz und Freude unterscheiden kann, plant sie ihre neue Inkarnation ohne Wertung und teilt das, was sie erleben möchte, nicht in Schlecht und Gut ein. Für sie zählen die Intensität des Erlebten, der Weg, den sie zurücklegt, und das Lösen der Aufgaben, die sie sich gestellt hat.

Dies bezeichne ich als »die Alchemie der Seele«.

Die Alchemie der Seele

Die ältesten Aufzeichnungen über die Alchemie (die der Vorläufer unserer heutigen Chemie ist) stammen aus dem alten Ägypten und Griechenland und beschäftigen sich mit der richtigen Mischung: Mische die richtigen Substanzen im richtigen Verhältnis auf die richtige Weise, und Wunderbares wird geschehen. Unedle Metalle verwandeln sich in Gold oder Silber, Allheilmittel entstehen, oder der Alchemist wandelt sich über innerpsychische Prozesse in einen Erleuchteten.

Nun, die Seele strebt nicht die Erleuchtung an (man könnte sagen, sie ist schon erleuchtet!), sondern diejenigen Erfahrungen, die sie ohne Körper schlicht nicht machen kann. Und daher plant sie, was genau sie lernen und was sie erleben möchte, und aus diesen »Zutaten« bildet sich die Alchemie der Seele. So, wie ein Kuchen aus einer exakten Menge an Mehl, Zucker, Butter und Eiern zusammengerührt werden muss und danach bei einer spezifischen Temperatur für eine bestimmte Zeit gebacken wird, benötigt die Seele die genau richtige Mischung von Leid, Freude, Krankheit, guten und weniger guten Freunden (nämlich solchen, die uns helfen, indem sie helfen, und solchen, die uns helfen, indem sie uns demütigen).

Die Alchemie der Seele bedeutet also, alle Erfahrungen in der richtigen Mischung zu machen – nicht zu viel, nicht zu wenig.

Nach der Sichtweise der Schamanen inkarnieren wir zweimal für 365 Inkarnationen, bis unsere Seele alle Lernaufgaben gelöst und Erfahrungen gemacht hat, die sie benötigt. Während der ersten 365 Inkarnationen spricht man von einer jungen Seele, die, wie ein kleines Kind, noch den Großteil der Lebenserfahrungen vor sich hat. Während der zweiten 365 Inkarnationen spricht man von einer alten Seele, die bereits viel gelernt hat und vielleicht nur noch hie und da etwas verfeinern muss. Danach braucht die Seele nicht mehr zu inkarnieren und möchte es oft auch nicht mehr. Sie verbleibt dann in der Oberen, sprich Geistigen Welt.

Je öfter eine Seele inkarniert, desto schwieriger scheinen die Aufgaben zu werden, die sie sich stellt. Leider vergessen wir unseren Seelenplan, wenn wir auf die Welt kommen, und so haben wir keinen Einblick in den Sinn unserer Herausforderungen oder das Ziel, das die Seele sich gesteckt hat. Deshalb ist es aus meiner Erfahrung wichtig, dass wir lernen, anzunehmen, womit auch immer uns das Leben konfrontiert, und für diese Erfahrungen dankbar zu sein. Die Seele hat sich etwas dabei gedacht! Wir dürfen dankbar dafür sein, dass wir den Schmerz der Trennung, der Trauer oder der Demütigung, aber auch die Freude und die Lust, eben alles, was zum menschlichen Leben dazugehört, erleben dürfen. Denn genau das gehört zu den Gründen, aus denen sich die Seele inkarniert. Wenn du bereit bist, alle diese Aufgaben ohne Wertung anzunehmen und dankbar zu sein, dass du erleben durftest, was du erlebt hast, wenn du lernst, nicht mit den einzelnen Situationen zu hadern, dann wirst du in die Lage versetzt, auf deine Intuition zu hören und deinem Bauchgefühl zu vertrauen.

Es ist also hilfreich, den einzelnen Erfahrungen in deinem Leben nicht zu viel Gewicht zu geben. Leider tun wir nicht nur genau dies, sondern wir identifizieren uns regelrecht mit unseren Erfahrungen oder, genauer gesagt, mit unserem Leid. Dann halten wir uns für ein Opfer, einen Versager oder einen Pechvogel. Doch das sind wir nicht, es sind nur die Erfahrungen, die wir uns ausgesucht haben. Vielleicht hilft dir das Konzept der Alchemie der Seele dabei, ein wenig Abstand von deinen weniger angenehmen Erfahrungen zu gewinnen.

Ich sehe unser Leben wie einen Zug, der vom Bodensee nach Kiel fährt und an vielen Bahnhöfen anhält. Jede Haltestelle ist eine Lernaufgabe, ein Punkt deines Seelenplans. Dabei reisen wir nicht allein, sondern haben Mitreisende, für längere oder kürzere Zeit, die uns als Lehrer, Spiegel oder einfach Begleiter dienen. Und genauso sehe ich all die Energien, die unseren Weg beeinflussen, als Lebensabschnittsgefährten. Ereignisse, angenehme wie unangenehme, Blockaden, Hürden, Herausforderungen und glückliche Fügungen dienen dazu, uns auf unserem Weg weiterzubringen. Sie kommen und gehen, damit wir in der Lage sind, unseren Seelenplan zu leben.

Die Zutaten des Lebens

Die klassische Alchemie beschäftigt sich also damit, Elemente in der richtigen Mischung zusammenzugeben, um zu Reichtum, ewigem Leben oder Erleuchtung zu kommen. Für die Seele bedeutet Alchemie schlicht die richtige und harmonische Mischung von Erfahrungen, nämlich denen, die sie benötigt, um ihren Seelenplan zu verwirklichen.

Übertragen auf unser Leben könnte man sagen, dass die Alchemie des Lebens, also die Art und Weise, wie unser Lebens- und Entwicklungsprozess vonstattengeht, durch unser Wirken und Handeln bestimmt wird. Unser Wirken und Handeln wird wiederum durch unser Bewusstsein bestimmt, das einen starken Einfluss auf unsere Realität ausübt, die natürlich unsere Sichtweise prägt. Dazu kommen Einwirkungen von außen, bewusste wie unbewusste, die unser Leben in jedem Moment neu prägen. Leider stellen wir uns selten die Frage: Warum? Woher kommt das? Wieso habe ich diesen Impuls? Weshalb machen wir, was wir tun … und so, wie wir es tun? Worin liegt die Motivation unseres Handelns? Wir hinterfragen weder unser Tun noch unsere Realität. Richten wir unsere Aufmerksamkeit auf das, was wir täglich tun oder eben nicht tun, und beantworten uns die Frage nach dem Warum, dann sind wir bereits auf dem Weg, unser Leben und unsere Realität wie einen alchemistischen Prozess zu beeinflussen. Zu den Zutaten Körper und Geist haben wir dann die Zutat Seele hinzugefügt: Unser Seelenplan beginnt, sich zu entfalten. Dabei müssen wir nicht, wie im Chemieunterricht, alle Einzelprozesse verstehen, aber wir können, jedenfalls im Nachhinein, sehen, wozu sie uns gedient haben.

Die Alchemie des Lebens

Als Alchemie des Lebens bezeichne ich all die äußeren Einflüsse, die auf unseren Seelenplan einwirken. Solange wir im Einklang mit der Natur leben und uns an unserer inneren Stimme orientieren, wird die Alchemie der Seele durch die Alchemie des Lebens unterstützt, es entsteht ein harmonischer Fluss. Unsere Lebensbedingungen entfalten sich so, dass unser Seelenplan bestmöglich erfüllt werden kann. Verlieren wir den Kontakt zu unserer inneren Stimme und beginnen wir, uns immer mehr am Außen zu orientieren, dann kommt die Mischung in Unordnung. Beispielsweise stellen wir zu hohe Ansprüche an uns, wir orientieren uns an unseren Nachbarn und wollen sein wie sie. Das setzt uns unter Druck, und wir rennen der falschen Mischung, den falschen Werten hinterher – und oftmals werden wir darüber krank.

Wir leben in der falschen Alchemie des Lebens, das heißt, unsere Lebensumstände, die vom Außen und nicht vom Innen beeinflusst werden, hindern unseren Seelenplan an der Entfaltung.

Wir Menschen haben verlernt, uns auf unser Unterbewusstsein, die Alchemie der Seele, zu verlassen und ihm Vertrauen zu schenken. Stattdessen akzeptieren wir nahezu blind, was uns im Außen gesagt oder gezeigt wird. Wir machen uns kaum selbst Gedanken, fragen uns nicht, ob die Dinge wirklich so sind, wie sie uns scheinen oder wie wir sie erklärt bekommen. Wir gleichen das, was wir als äußere Realität wahrnehmen, nicht mit unserer inneren Realität ab. Es ist einfach viel bequemer, auf Autopilot zu laufen, als nachzudenken und zu hinterfragen, ob sich etwas für uns selbst überhaupt gut und stimmig anfühlt.

Natürlich ist diese Entwicklung nicht weiter verwunderlich, bekommen wir doch spätestens in der Schule beigebracht, dass »Wissen« von außen kommt, dass Kinder sozusagen leere Behälter sind, die mit den Erkenntnissen anderer Menschen gefüllt werden müssen, bevor sie zu etwas taugen. Dabei hat jeder von uns von Anbeginn seinen ureigenen Zugang zur Quelle allen Wissens. Wenn wir nur wieder lernen, uns nach innen zu wenden und auf uns selbst zu lauschen, finden wir alle Antworten in uns selbst. Dann ist es wichtig, dass wir uns in unserem Wissen nicht beirren lassen, und auch, das Wissen der anderen zu akzeptieren, selbst wenn es uns abstrus erscheint. Erinnere dich daran, wie du als Kind vielleicht einmal das Meer grün oder eine Figur mit drei Fingern an der einen und neun an der anderen Hand gemalt hast. Schnell sagte dir ein Erwachsener, dass »das so nicht gehört« oder dass »das so falsch ist«. Wäre es nicht viel schöner gewesen, hätte jemand gesagt: »Oh, wie spannend. Erzähl

mal. Was hast du dir gedacht? Was hast du gefühlt?«? Aber genau das kannst du jetzt nachholen!

Es ist an der Zeit, dass wir uns selbst öfter die Frage nach dem Warum, Wieso und Weshalb stellen und das, was wir unbesehen glauben, einmal sehr (selbst-)kritisch betrachten. Sei dir dabei bewusst, dass sich die Welt nicht um dich und deine Alltagsprobleme dreht. Betrachte dich aus der Perspektive eines Adlers als eine kleine Ameise, die auf diesem großen Erdball spazieren geht – und du wirst sehr schnell erkennen, wie unwichtig wir im großen Zusammenhang sind. Allein diese kleine Übung kann einen starken Impuls in dir bewirken, dich von deiner oberflächlichen, egozentrischen, mental gesteuerten Sichtweise zu lösen und dich wieder als Teil eines großen Ganzen zu sehen.

Vielleicht kennst du folgende Situation: Du wachst morgens auf und hast spontan einen Gedanken oder eine Idee, was du heute erledigen könntest oder möchtest. Aber kaum hast du den Gedanken zu Ende gedacht, geht es auch schon los: »Wenn ich das mache, dann geschieht ja dies und jenes, und was sagen dann die anderen dazu?«, und ab diesem ersten Moment des Zweifelns und Hinterfragens beginnst du, den Gedanken, den Plan, den dir deine Seele als Inspiration eingegeben hat, abzuändern. Du triffst, beeinflusst von deinen ins Außen gerichteten Gedanken, eine neue Entscheidung. Und sobald du beginnst, deinen geänderten Plan auszuführen, geht alles schief. Und am Ende denkst du: »Oh Mist, *hätte* ich es nur so gemacht, wie ich es mir zuerst gedacht hatte!«
Deshalb: Erlebe dein Leben, und vertraue dir selbst!

Wenn du dich immer mehr auf deine Intuition verlässt – oder wenn du dich *traust,* dich immer mehr auf deine Intuition zu verlassen –, dann wirst du schnell feststellen, dass du deinem Unterbewusstsein vertrauen kannst. Und du wirst merken, dass nichts wirklich voneinander getrennt ist. Ein Tropfen Wasser, der im Meer von einer Welle emporgeschleudert wird, kehrt sofort ins Meer zurück. Alles hat miteinander zu tun und steht energetisch in Beziehung zueinander.

Wie wir Menschen uns nach außen zeigen und darstellen, spiegelt genau das wider, was wir verinnerlicht haben, was wir an äußeren Einflüssen in uns aufgenommen, was wir gesehen, gespürt oder gelernt haben. Bei jedem von uns zeigt sich daher eine unterschiedliche Persönlichkeit, je nachdem, wie viele Blockaden wir jeweils aus unseren früheren Leben mitgebracht und von Ei- und Samenzelle, aus denen wir entstanden sind, übernommen haben.

Zwei Fragen tauchen zu diesem Thema häufig auf. Die erste betrifft eine Mutter, die bereits erfolgreich an sich und ihren Themen gearbeitet hat, sodass sie zum Zeitpunkt der Empfängnis ihre Blockaden aufgelöst hat. Leider ist es auch dann nicht so, dass das Kind völlig unbelastet auf die Welt kommt. Der direkte Einfluss der Mutter ist vielleicht gelöscht, aber im Zellgedächtnis der Eizelle sind nach wie vor die Einflüsse der letzten zwölf Generationen gespeichert, die sozusagen noch abgearbeitet werden dürfen. Die zweite Frage ist, was mit den erblichen Einflüssen geschieht, wenn eine Person in ihrer jetzigen Inkarnation keine Kinder bekommen möchte oder kann. Die Weitergabe der Blockaden, die sich in den Ei- und Samenzellen finden, wird tatsächlich unterbrochen oder über die nächsten Verwandten weitervererbt. Die Einflüsse aus vorhergehenden Inkarnationen jedoch werden in die nächste Inkarnation mitgenommen, zusammen mit den Blockaden der zwölf Generationen, die in der neuen Ei- oder Samenzelle gespeichert sind.

Die folgende Meditation kann dir dabei helfen, die negativen Einflüsse deiner Ahnen zu reduzieren. Sie ist auch auf meiner CD »Sprenge deine Fesseln« erschienen.

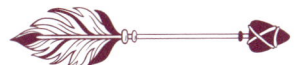 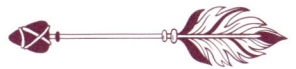

EI- UND SAMENZELLE
ENERGETISCH NEU AUSRICHTEN

Nimm dir ein wenig Zeit, setze oder lege dich bequem auf den Boden, spüre die Erde unter dir ruhen, und schließe deine Augen. Werde dir deines Atems bewusst, achte darauf, wie der Atem kommt und geht, wie es dich atmet, ein und aus, ein und aus. Bleibe einige Momente bei deinem Atem.

Gehe dann mit deiner Aufmerksamkeit durch deinen ganzen Körper, angefangen bei deinen Füßen, durch die Beine, den Bauch, deinen Rücken und deine Wirbelsäule entlang, deine Schultern und Arme, deinen Nacken, deinen Kopf und dein Gesicht. Atme dabei ruhig und in deinem natürlichen Rhythmus. Lasse dich von deinem Atem tragen.

Mache dir bewusst, dass dieser ganze Körper aus einer Urzelle entstanden ist, die sich bildete, als Eizelle und Samenzelle deiner Eltern sich mit deinem Seelenstrahl verbanden.

Nimm nun drei tiefe Atemzüge, und sage laut oder leise: »Ich möchte mich mit der Eizelle verbinden, aus der ich entstanden bin.«

Atme ganz normal weiter, und spüre, was sich energetisch zeigt. Alles, was jetzt auftaucht, hat mit deiner Mutter und ihrer Energie während deiner Zeugung zu tun. Versuche, zu verstehen, warum die Energie dieser Zelle in dem Zustand ist, in dem sie sich befindet.

Vielleicht siehst du Bilder, vielleicht verspürst du eine tiefe Liebe und Hingabe, vielleicht fühlst du auch Angst oder Sorge. Alles darf sich so zeigen, wie es ist.

Lasse dich auf diese Erfahrung ein. Verstehe, dass jedes Gefühl, ganz gleich, ob positiv oder negativ, das beste war, zu dem deine Mutter damals in der Lage war. Ihre Gefühle waren einfach vorhanden und wurden nicht absichtlich von ihr erzeugt. Sie konnte nichts dafür, ihre Gefühle überkamen sie einfach.

Sage laut oder leise: »Ich verstehe dich jetzt. Alles ist gut so, wie es ist.«

Stelle dir nun vor, wie diese Eizelle, aus der du entstanden bist, vor dir in der Luft schwebt. Sie pulsiert vor Energie und dreht sich leicht um sich selbst. Schaue sie genau an. Wenn du irgendwelche dunklen Flecke siehst, die sie bedecken oder die sich in ihrer Aura befinden, strecke deine Hand aus und entferne sie. Meist reicht eine leichte Bewegung mit der Hand, manchmal kannst du diese Bewegung auch unterstützen, indem du die Flecke wegpustest.

Wenn nun die Eizelle ganz klar in ihrem eigenen Licht strahlt, umfasse sie mit deinen Händen, bette die Eizelle wie in eine Schale, und führe sie zu deiner Brust. Lasse sie dann mit ihrem Strahlen in dein Herz sinken. Heiße sie willkommen, begrüße sie als unentbehrlichen Teil von dir, und danke ihr dafür, dass sie ein Teil dessen ist, woraus dein Leben entstehen durfte.

Spüre das Strahlen in dir, und sage ein paar Mal (solange es sich gut für dich anfühlt) laut oder leise zu dir selbst: »Möge dieses klare Strahlen mir helfen, den Weg meines Seelenplans zu sehen und zu gehen.«

Nimm nun drei tiefe Atemzüge, und sage laut oder leise: »Ich möchte mich mit der Samenzelle verbinden, aus der ich entstanden bin.«

Atme ganz normal weiter, und spüre, was sich energetisch zeigt. Alles, was jetzt auftaucht, hat mit deinem Vater und seiner Energie während deiner Zeugung zu tun. Versuche, zu verstehen, warum die Energie dieser Zelle in dem Zustand ist, in dem sie sich befindet.

Vielleicht siehst du Bilder, vielleicht verspürst du eine tiefe Liebe und eine große Vorfreude auf die neue Verantwortung für ein Kind, vielleicht fühlst du auch Angst, Sorge oder sogar einen gewissen Fluchtreflex. Alles darf sich so zeigen, wie es ist. Lasse dich auf diese Erfahrung ein. Verstehe, dass jedes Gefühl, ganz gleich, ob positiv oder negativ, das beste war, zu dem dein Vater damals in der Lage war. Seine Gefühle waren einfach in ihm vorhanden, ohne dass er sie bewusst hervorgebracht hätte.

Sage laut oder leise: »Ich verstehe dich jetzt. Alles ist gut so, wie es ist.«

Stelle dir nun vor, wie diese Samenzelle, aus der du entstanden bist, vor dir in der Luft schwebt. Sie pulsiert vor Energie und dreht sich leicht um sich selbst. Schaue sie genau an. Wenn du irgendwelche dunklen Flecke siehst, strecke deine Hand aus, puste sie an, und entferne sie.

Wenn nun die Samenzelle ganz klar in ihrem eigenen Licht strahlt, umfasse sie mit deinen Händen, bette sie wie in eine Schale, und führe sie zu deiner Brust. Lasse sie dann mit ihrem Strahlen in dein Herz sinken. Heiße sie willkommen, begrüße sie als unentbehrlichen Teil deiner selbst, und danke ihr dafür, dass sie ein Teil dessen ist, woraus dein Leben entstehen durfte. Spüre das Strahlen in dir, und sage ein paar Mal (solange es sich gut für dich anfühlt) laut oder leise zu dir selbst: »Möge dieses klare Strahlen mir helfen, den Weg meines Seelenplans zu sehen und zu gehen.«

Nimm nun drei tiefe Atemzüge, und sage laut oder leise: »Ich möchte mich mit dem Seelenstrahl verbinden, aus dem ich entstanden bin.«

Atme ganz normal weiter, und spüre, was sich energetisch zeigt. Alles, was jetzt auftaucht, hat mit deinem Seelenstrahl und deinem Seelenplan zu tun. Versuche, zu verstehen, warum die Energie deines Seelenstrahls in dem Zustand ist, in dem sie sich befindet … Sei ganz offen für das, was sich zeigen möchte!

Vielleicht siehst du Bilder oder Bruchstücke von Bildern, siehst dich selbst auf deinem ursprünglich geplanten Weg, erfährst dich in Situationen, die dir kleine Details über deinen Seelenplan verraten. Vielleicht spürst du ein großes Glück, weil dein eigener Weg den Bildern deines ursprünglichen Seelenplans entspricht, vielleicht auch großes Bedauern, weil dein Leben so ganz anders ist als das, was du geplant hattest. Vielleicht spürst du tiefen Frieden, vielleicht eine schreckliche Unruhe. Alles darf sich so zeigen, wie es ist.

Lasse dich auf diese Erfahrung ein. Schaue genau hin, und lasse die Bilder einfach kommen und wieder gehen.

Sage laut oder leise: »Ich sehe jetzt. Mein Weg liegt vor mir.«

Stelle dir nun vor, wie dieser Seelenstrahl, der dein geistiger Anteil ist, vor dir in der Luft schwebt. Du kannst ihn dir zum Beispiel als Blume vorstellen. Er pulsiert vor Energie, dreht sich leicht um sich selbst und leuchtet in Farben, die dein Herz bewegen.

Umfasse den Seelenstrahl mit deinen Händen, bette ihn wie in eine Schale, und führe ihn zu deiner Brust. Lasse ihn dann mit seinem Strahlen in dein Herz sinken. Heiße ihn willkommen, heiße dich selbst willkommen!

Spüre das Strahlen in dir, und sage ein paar Mal (solange es sich gut für dich anfühlt) laut oder leise zu dir selbst: »Möge dieses klare Strahlen mir helfen, den Weg meines Seelenplans zu sehen und zu gehen. Möge Liebe meinen Weg erfüllen und mich leiten!«

Atme dann dreimal kraft- und geräuschvoll durch den Mund aus, und öffne deine Augen.

Jemand kann ein Verbrecher oder Mörder werden, wenn er in der Kindheit oder in früheren Leben selbst starke Missachtung oder Demütigung erfahren hat. Daher sollten wir uns in jedem Fall bewusst machen, dass die Dinge, die uns Angst machen und vor denen wir uns fürchten, nichts anderes sind als die Auswirkungen unseres eigenen Handelns, das durch unser Bewusstsein beeinflusst wird. Da für uns die Verbindung zwischen dem, was wir senden, und dem, was wir zurückbekommen, nicht sichtbar oder bewusst ist, richten wir unser ganzes Handeln auf die Abwehr der vermeintlichen Probleme aus. Dabei begnügen wir uns mit simplen Erklärungen und bleiben an der Oberfläche. Wir verstehen nicht in der Tiefe, was tatsächlich geschehen ist, wo die Ursachen unseres Problems liegen. Stattdessen entfliehen wir, vielleicht entgegen unserem Bauchgefühl, in rationale Überlegungen, die dann ihr Übriges tun, um unsere Seele von ihrem Seelenplan abzubringen.

Der eine bleibt gesund, weil er in seiner Mitte ist und sein Leben so lebt, dass die Seele ihren Weg gehen kann. Der andere wird krank, weil er nicht sein eigenes Leben, also seinen Seelenplan, lebt, sondern zu sehr darauf achtet, was andere von ihm denken. Dadurch führt er eigentlich das Leben der anderen, nicht sein eigenes! Die Seele möchte ihn auf diesen Irrweg aufmerksam machen. Werden die leisen Hinweise – Zeichen, Träume, Visionen – übersehen, folgt oftmals eine Unpässlichkeit als letztes und wirkungsvollstes Mittel der Seele, sich Gehör zu verschaffen. Wenn er nun auf die Signale seines Körpers achtet und etwas verändert, hat ihn die Botschaft seiner Seele doch noch erreicht, und die Unpässlichkeit kann gehen. Verändert er aber nichts in seinem Leben, dann wird sich die Unpässlichkeit nicht verabschieden, sondern sich im Gegenteil immer intensiver zeigen, so lange, bis er bereit ist, den Irrweg zu verlassen und wieder seinem Seelenplan zu folgen.

Das seelenschamanische Verständnis von Zeit

Um die Herangehensweise in diesem Buch zu verstehen, müssen wir in ein paar grundlegende (seelen-)schamanische Sichtweisen eintauchen. Manche dieser Vorstellungen sind anders als die »normale Realität«, die du gewohnt bist! Eines dieser Konzepte ist das schamanische Verständnis von Zeit. Als Mensch, der in einer westlichen Industriekultur aufgewachsen ist, hast du vielleicht noch nie wirklich darüber nachgedacht, was Zeit bedeutet, wenn du die Idee von dem trennst, was dir deine Uhr zeigt. Du empfindest die Zeit wahrscheinlich als eine viel befahrene Einbahnstraße, mit deren Verkehr man mehr oder weniger mitgerissen wird. Aber vielleicht kam dir Zeit auch schon immer wie ein Konstrukt vor, etwas Künstliches, das nicht unbedingt mit deiner Realität in Einklang zu bringen ist. Wir alle kennen schließlich das Phänomen, dass Zeit manchmal zu rasen und ein anderes Mal stillzustehen scheint oder dass man, je mehr man sich beeilt, umso langsamer vorankommt, während bewusste Langsamkeit die Zeit auf das Merkwürdigste dehnen kann. Wenn du also Zweifel an der Richtigkeit der allgemein üblichen Zeitvorstellung hast, kommt dir die hier vorgestellte Anschauung wahrscheinlich richtiger vor. Denn tatsächlich ist Zeit nichts, was einfach unwiderruflich abläuft. Zeit ist kein Strahl, der irgendwo abgeschossen wurde, seinen Ursprungsort verlassen hat und nun auf der Reise in eine ungewisse Zukunft ist. Sie führt nicht einfach von der Vergangenheit in die Zukunft. Vielmehr ist das seelenschamanische Verständnis so, dass man sich die Zeit wie einen kontinuierlichen Fluss vorstellt. Zwar fließt ein Fluss von A nach B, also von der Quelle ins Meer, doch ist er – auch wenn er längst sein Ziel erreicht hat – immer noch an Punkt A gegenwärtig. Die Quelle versiegt nicht, der Fluss hat sie nicht verlassen. Das bedeutet, dass alle Zeitebenen im Grunde genommen gleichzeitig existieren. Die Vergangenheit, die Gegenwart, die Zukunft – sie sind alle JETZT! Und alle diese Ebenen können auf energetische Weise erreicht werden, um Veränderungen dort hervorzurufen, wo sie gebraucht werden.

Im Laufe dieses Buches wirst du selbst Erfahrungen machen, die dir zeigen werden, dass das gängige Verständnis von Zeit sehr begrenzend ist. Wir glauben, dass Dinge in der Vergangenheit unwiderruflich geschehen sind und wir uns mit den Konsequenzen abfinden müssen. Doch auf energetischer Ebene können wir unglaublich viel verändern – auch das, was vor etlichen Jahren geschehen ist! Kennst du den Spruch »Es ist nie zu spät für eine glückliche Kindheit«? Genau! Wir können positive Energie in Prozesse einbringen, die eigentlich abgeschlossen sind, und damit Blockaden auflösen, die in unsere Gegenwart hineinwirken. Diese positive Energie können wir sowohl aus der Vergangenheit als auch aus der Zukunft zu uns holen und auf heilsame Weise in unser Herzchakra aufnehmen. Von dort aus

wird sie für uns frei nutzbar und kann unser Leben in jene Bahnen zurücklenken, die einst für uns vorgesehen waren – wir gelangen wieder auf den ursprünglichen Weg unseres Seelenplans und können diesen nun voller Freude beschreiten. Wir schreiben unsere eigene Lebensgeschichte neu, nehmen das Heft wieder selbst in die Hand und werden so zu den wahren Meistern unserer Vision. Kannst du dir das vorstellen?

Vielleicht kannst du dich und deine eigenen Ideen über die Zeit in den von mir geschilderten Überzeugungen wiederfinden. Vielleicht bist du auch skeptisch und meinst, in einem Fantasy-Roman gelandet zu sein. Das ist verständlich, vor allem, weil wir uns in unserer Gesellschaft schwertun, Dinge zu glauben oder zu akzeptieren, die nicht schwarz auf weiß, mit mathematischer Formel und Beweisfoto daherkommen. Den Beweis kann dir hier aber nur deine eigene Erfahrung liefern. Natürlich bleiben meine Beschreibungen so lange recht theoretisch oder sogar unglaublich, wie du ihre Richtigkeit nicht am eigenen Leib erfahren hast. Und genau dies macht wiederum den schamanischen Weg seit jeher aus.

Heilung inner- und außerhalb der Zeit

Meist gehen wir an das Thema Heilung mit unserem üblichen Zeitverständnis heran. Wir erfahren *jetzt* einen Zustand, den wir verändern möchten, und denken, dass wir *ab jetzt* etwas tun, was dann *in Zukunft* ein Ergebnis hervorbringt.

Wir haben uns zum Beispiel beim Wandern den Knöchel gebrochen und wollen mit einer entsprechenden schulmedizinischen Behandlung, einem Gips, vielleicht auch Schmerzmitteln und später Krankengymnastik dafür sorgen, dass alles so wird wie vor unserem Missgeschick. Hier ist zunächst ein wichtiger Aspekt zu beachten: Jede Verletzung hat dir etwas zu sagen, ist die Botschaft deiner Seele, dass es etwas gibt, was du dringend verändern solltest. Wenn du es schaffst, die

Botschaft zu verstehen und anzunehmen, und zudem auch die nötigen Veränderungen in deinem Leben vornimmst, du das Thema quasi an der Wurzel packst, dann kann das den Heilungsprozess auf der körperlichen Ebene enorm beschleunigen. Manchmal ist das genug. Aber bisweilen ist es eben auch so, dass trotz aller an sich guten Methoden der Fuß nicht in den Zustand zurückgeführt werden kann, den er vor dem Unfall hatte. Etwas wurde nicht bedacht: Die energetische Schwingung im gesunden Fuß war selbstverständlich eine andere als die nach dem Unfall. Und daher begibt sich der Seelenschamane auf einer schamanischen Reise in der Zeit zurück, um diese vorherige, heile Energie aufzunehmen und dem Klienten wieder zugänglich zu machen. Er bringt dem Fuß sozusagen die Information zurück, wie es sich anfühlt, nicht gebrochen gewesen zu sein. Das hört sich für dich verrückt und völlig unglaublich an? Vielleicht denkst du noch einmal an das Beispiel mit dem Fluss. Die energetische Schwingung eines jeden Moments in der Zeit ist nach wie vor vorhanden und verfügbar – man muss nur wissen, wie man diese Energie erreicht. Wenn ALLES gleichzeitig ist und gleichzeitig geschieht, dann sollte es uns auch möglich sein, diesen oder jenen Zeitpunkt genau jetzt zu erreichen. Und ich habe in meiner langjährigen Praxis wirklich sehr gute Erfahrungen mit diesen Methoden gemacht. Wenn man die Grenzen, die uns die Alltagswelt zu setzen scheint, nicht als absolut ansieht, werden viele Dinge möglich, die uns eigentlich unmöglich erscheinen. Dann dürfen sogenannte Wunder geschehen – und unser Ego steht nur noch fassungslos staunend als Zeuge daneben.

Spontanheilung

Ein solches Wunder ist die Spontanheilung. Immer wieder wird von Fällen echter Spontanheilung berichtet, von Patienten, die gestern noch als unheilbar krank galten und heute kerngesund sind. Chronische Krankheiten sind verschwunden, ein Tumor hat sich in nichts aufgelöst. Niemand, und besonders nicht die Ärzte, weiß so recht, wie das geschehen konnte oder überhaupt möglich sein kann, aber offensichtlich muss diesem Patienten etwas zuteilgeworden sein, was ihn auf der Stelle – also sozusagen außerhalb der Zeit – heil werden ließ. Es ist in diesen Fällen nicht etwa so, dass der Patient ein Medikament genommen hätte, das eine gewisse Zeit brauchte, um zu wirken – dass also etwas von Zeitpunkt A an wirkte, bis zu Zeitpunkt B Heilung eintrat, dass die Heilung also in der Zeit von A nach B passiert ist. Vielmehr wurde der Patient ganz einfach *in diesem Moment* gesund. Von jetzt auf gleich, wie man so sagt. So kann es sein, dass die kranke Person die Botschaft der Seele, vielleicht den Hintergrund oder die Ursache der Krankheit, bewusst oder auch nur unbewusst verstanden und eine Entscheidung getroffen hat. Dieser Veränderung ist dann die Heilung gefolgt. Ist die Ursache behoben, dann braucht die Seele das Signal »Krankheit« nicht mehr zu senden. Eine zweite Möglichkeit ist, dass Körper, Geist und Seele zusammen entschieden haben, dass genau jetzt der gesunde Zustand eintritt. Sie waren in vollkommenem Gleichgewicht und haben sich gemeinsam an den ursprünglichen Seelenplan erinnert, was eine Spontanheilung möglich machte. Den falschen Weg zu gehen, kann Blockaden erzeugen und Krankheiten hervorrufen. Auf den richtigen Weg, den unseres Seelenplans, zurückzukehren, heilt.

Solch eine Heilung wird oft als wahres Wunder erlebt, und nicht selten hat es lebensverändernde Auswirkungen auf den ehemaligen Patienten. Das ist auch gut so, denn wenn man genauso weitermacht wie bisher, kommt der Rückfall oft schneller, als man denkt! Und nicht nur das: Oftmals verändert eine »Wunderheilung« auch all jene, die den Menschen während seiner ernsthaften Erkrankung begleitet haben und ihm nahestehen. Sie alle schöpfen Vertrauen in das All-Eine und in dieses wunderbare Leben, das wir alle miteinander teilen. Allein die Tatsache, dass wir am eigenen Leib erfahren oder mit eigenen Augen sehen, dass Spontanheilung möglich ist, öffnet uns eine völlig neue Welt und kann uns den Weg zu einem schamanischen Weltverständnis ebnen.

Spontanheilungen zeigen uns, dass eine wirkliche Gesundwerdung, Ganzwerdung, Heilwerdung über den körperlichen Aspekt und das Behandeln von Symptomen hinausgeht – über das, worauf sich die Schulmedizin bislang hauptsächlich konzentriert. Ich möchte aber darauf hinweisen, dass ich generell kein Gegner der Schulmedizin bin. Wir können wirklich dankbar für die Errungenschaften der Medizin sein. Antibiotika, Chemotherapie, Kaiserschnitt und Operationen haben vielen Menschen einen verfrühten oder qualvollen Tod erspart. Die Behandlungsmethoden, Krankenhausaufenthalte und Medikamente sowie das Wissen der Ärzte, die Bemühungen der Krankenschwestern, Pfleger und Rettungssanitäter verhindern unnötiges Leid. Dennoch ist die Sicht dieser schulmedizinischen Helfer beschränkt und auf das Äußerliche gerichtet. Ich bevorzuge einen ganzheitlichen Weg, der neben dem Körper auch die Seele, den Geist und die Energie einbezieht und statt Symptomen die eigentlichen Ursachen, die Energieblockaden, anpackt.

Und die Tatsache, dass Spontanheilungen vorkommen, zeigt mir, dass es Momente geben muss, in denen sich ein Gleichgewicht von Körper, Geist und Seele nahezu von allein einstellt. Es ist dieses Gleichgewicht, das im Mittelpunkt der seelenschamanischen Arbeit steht und letztlich ihr Ziel ist. Ich bin davon überzeugt, dass es die Energie des Gleichgewichts ist, die Krankheiten und Unpässlichkeiten verschwinden lässt. Meine Erfahrung der letzten Jahre hat mir gezeigt, dass ein Körper-Geist-Seele-System, das in völligem Einklang ist, schlicht und einfach keine Krankheit braucht, um auf Dysbalancen in unserem Leben hinzuweisen (denn es gibt ja keine!). Ebenso ist der Einklang des ganzen Systems mit dem Seelenplan wichtig, denn dieser Plan ist es, worum es in dieser Inkarnation vorrangig geht: Wir sind hierhergekommen, um unser volles Potenzial uneingeschränkt auszuschöpfen, ob finanziell oder körperlich. Wir wollen unsere unvergleichliche Einzigartigkeit zeigen und in dieser Welt das tun, was *nur wir* tun können. So, wie ein Gänseblümchen genau dort wächst und Gänseblümchen ist, wo sein Seelenplan es vorgesehen hat, gibt es in diesem Universum einen Platz mit einer Aufgabe, an den nur wir passen, wie ein Puzzlestück in das Gesamtbild.

Genau diese Aufgabe haben wir uns nämlich bereits vor unserer jetzigen Inkarnation vorgenommen. Wir haben uns für genau diese Eltern, unseren persönlichen Namen, die Form unseres Körpers sowie das Aussehen unseres Gesichts und den Ort, an dem wir inkarnieren, frei entschieden und unseren dahin gehend lautenden Vertrag geschlossen. Teile dieses Vertrages können auch die anderen Mitglieder unserer Seelenfamilie betreffen, mit denen wir verabredet haben, uns zu einem bestimmten Zeitpunkt im Leben zu treffen, und die uns helfen, gewisse Dinge zu erlernen, um zu wachsen und Herausforderungen zu meistern. Das müssen nicht immer schöne Treffen sein, sondern können auch zentrale Wendepunkte im Leben darstellen. Wir schließen diesen Vertrag gemeinsam und machen uns dann auf, den darin abgesteckten Seelenplan zu verwirklichen. Weichen wir aber grundlegend von ihm ab, weil uns zum Beispiel in der Kindheit zugefügte seelische Verletzungen von der Verwirklichung abhalten, wird unsere Seele versuchen, uns Botschaften zu schicken. Und wenn wir ihr eine Weile nicht zugehört haben, tut die Seele das äußerst eindringlich und unüberhörbar durch Krankheiten. Denn wenn wir krank werden, sind wir wirklich gezwungen, zuzuhören!

Eine der besten gesundheitlichen Vorsorgemaßnahmen ist es deshalb, darauf zu achten, im Gleichgewicht von Körper, Geist und Seele zu bleiben.

Die folgende Übung ist eine gute Möglichkeit, dieses Gleichgewicht herzustellen und zu halten. Daher empfehle ich dir von Herzen und voller Überzeugung, sie regelmäßig durchzuführen. Das muss nicht jeden Tag zur selben Stunde geschehen, aber zumindest einmal im Monat, um dich selbst wieder in Balance zu bringen. Probiere es doch direkt einmal aus!

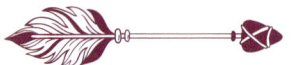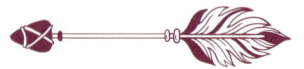

Übung 2:

HEILMEDITATION

Suche dir einen Ort, an dem du für eine Weile ungestört sein kannst und an dem du dich rundum wohlfühlst. Vielleicht ist das irgendwo in der Natur, unter einem schönen Baum, in der Nähe eines Berges oder an einem See – vielleicht ist es aber auch einfach in deinem Wohnzimmer, in dem du dich angenommen und zu Hause fühlst. Die Art des Ortes spielt im Grunde keine große Rolle. Wichtig ist nur, dass du dich dort entspannen kannst und deine Verbindung zur Geistigen Welt, den Engeln, aufgestiegenen Meistern, Krafttieren und Devas (oder wie immer deine Verbündeten sich dir zeigen) spüren kannst. Setze dich ganz bequem, aber aufrecht hin, und lege deine Hände auf dein Hara, das Energiezentrum ca. zwei Fingerbreit unter deinem Bauchnabel. Zuerst die linke Hand und darauf die rechte Hand. Nimm nun langsam drei tiefe und bewusste Atemzüge, und atme danach ganz normal weiter.

Lasse den Atem einfach von allein fließen. Ganz so, wie er will – ob tief oder flach, spielt jetzt gar keine Rolle. Beruhige deine Gedanken, lasse auch sie kommen und gehen wie den Atem. Es ist nicht schlimm, wenn sie auftauchen, denn sie verschwinden auch ganz von allein wieder, während du ihnen sanft lächelnd dabei zusiehst. Sie werden sein wie die weichen, weißen Wolken an einem ansonsten blauen Sommerhimmel – sie ziehen leicht und mühelos mit einem lauen Lüftchen weiter. Spüre einfach weiter deinem Atem nach, wie er durch deine Brust in deinen Bauch und in dein Hara fließt. Spüre, wie deine Hände sich durch die Bewegungen deines Atems ganz behutsam mit deinem Bauch heben und senken. Lasse deinen Geist langsam und von selbst zur Ruhe kommen, still werden und ins

Gleichgewicht mit Körper und Seele kommen. Achte darauf, wie deine Gedanken leiser werden und langsam verblassen, wie sie mit deinem Atem zur Ruhe kommen.

Stelle dir jetzt vor, dass eine goldene, warme Lichtkugel dein Hara von innen her erfüllt. Eine Lichtkugel aus purer, grenzenloser Heilenergie. Ganz warm wird es unter deinen Händen, während du weiter natürlich und in deinem eigenen Fluss atmest.

Sieh nun dabei zu, wie sich dieses Licht langsam ausdehnt, immer größer wird und nach und nach deinen ganzen Körper durchdringt und vollständig erfüllt. Jede einzelne Zelle wird von diesem Licht durchflutet und von seiner wunderbaren Heilenergie berührt. Spüre nach, wie auch dein Körper zur Ruhe kommt, wie er das Verweilen in dieser Energie genießt und wie er, davon angeregt, ganz sanft und natürlich in Balance mit deinem Geist und mit deiner Seele kommt.

Sitze nun einfach in Stille mit diesem Gefühl, mit diesem Leuchten deines ganzen Körpers, und atme weiter in dein Hara. Und nun lausche auf die feinen Schwingungen deiner Seele: Möchte sie dir etwas sagen? Bist du noch auf dem

Weg deines ursprünglichen Seelenplans? Was braucht deine Seele in diesem Moment oder in naher Zukunft? Was wünscht sie sich von dir? Horche genau hin, spüre dabei tief in dich hinein, und stelle dir vor, wie sich in dir alles in einen ruhigen, steten und heilsamen Rhythmus einschwingt – auf allen Ebenen. Finde deine eigenen Bilder für die Balance, die du anstrebst, und bade innerlich in ihnen. Bringe dadurch dein ganzes Körper-Geist-Seele-System ins Gleichgewicht, und genieße die Ruhe und die stille Kraft.

Setze dies so lange und so intensiv fort, wie es sich gut für dich anfühlt. Dann komme langsam wieder zurück in deine Alltagswelt. Öffne allmählich deine Augen, und werde des wunderbaren Gefühls gewahr, etwas Gutes für die Energie deines ganzen Körper-Geist-Seele-Systems getan zu haben. Fühle auch nach der Beendigung der Meditation noch immer die grenzenlose Heilenergie, die ungehindert durch deinen Körper fließt und die dich weiterhin begleiten wird.

Stark vereinfacht, könnte man sagen, dass deine Seele der wichtigste Teil deines Immunsystems ist. Fühlt sie sich wohl, geborgen, gesehen, genährt und wertgeschätzt, geht es auch deinem Geist und deinem Körper gut. Je mehr du dich um die Bedürfnisse deiner Seele kümmerst, desto besser geht es dir. Deine Seele weiß genau, was dir guttut und was das Richtige für dich ist. Wenn du lernst, ihr wirklich zuzuhören, kannst du mit deinem Seelenplan in Einklang sein und auf deinem ureigenen Weg einfach einen Schritt nach dem anderen machen. Du wirst dich dabei ganz sicher nicht verirren – und du wirst in absolut allem, was dir auf deinem Weg begegnet, einen tieferen Sinn entdecken können.

Was unsere Seele fesselt

Wir haben jetzt viel über unsere Seele, den Seelenplan und verschiedene schamanische Konzepte gehört. Nun ist es an der Zeit, uns einmal konkret anzuschauen, was das genau für Energien und Einflüsse sind, die uns daran hindern, uns gemäß unserem Seelenplan zu entfalten.

Die gute Nachricht ist: Du hast an keiner dieser Fesseln Schuld. Du hast nichts falsch gemacht. Die schlechte Nachricht ist: Viele dieser Fesseln stammen aus Zeiten, an die du keine bewussten Erinnerungen hast. Somit kannst du sie auch nicht so einfach erkennen und lösen.

Seelenfesseln aus der Kindheit

Die Einflüsse, die im Jetzt auf uns wirken, sind für uns am leichtesten nachzuvollziehen. Auch, wer kein schamanisches Weltbild hat, sieht vermutlich ein, dass ab der Zeit, in der unsere Mutter mit uns schwanger war, äußere Ereignisse einen Einfluss auf uns hatten, die bis heute wirken – also mit Beginn unseres jetzigen Lebens oder unserer jetzigen Inkarnation.

Kaum etwas prägt uns im Leben so stark wie die Erfahrungen unserer frühen Kindheit. Die ersten sieben Lebensjahre formen unseren Charakter und unser Verhältnis zur Welt: Was für eine Beziehung haben wir zu unseren erwachsenen Bezugspersonen? Fühlen wir uns willkommen? Fühlen wir uns geliebt? Wird uns der Eindruck vermittelt, dass dieses Universum ein freundlicher und uns wohlgesonnener Ort ist, an dem wir uns sicher und geborgen fühlen können?

In den ersten Jahren nach der Geburt folgt die Zeit der eigentlichen Prägung, in der unsere Denkweise von unserer Umwelt gesteuert wird: durch Pädagogik, das Bildungssystem, durch Kultur, Religion, Medien usw. Viele dieser Einflüsse können wir direkt benennen: die Art, wie unsere Eltern mit uns umgegangen sind, die Konkurrenz mit

unserem Bruder, der strenge Lehrer, die ehrgeizigen Klassenkamera-
den, die Erwartungen, die andere an uns gestellt haben, und unsere
Eigenarten, die nicht akzeptiert wurden. Leider bewirken diese Prägungen, dass unser selbstständiges Denken eingeschränkt und stark
beeinflusst wird. Wir gewöhnen uns daran, von außen gelenkt und
bestätigt zu werden, uns an anderen zu orientieren. Man könnte fast
meinen, dass selbstständig denkende Menschen, die sich auch noch
auf ihr Bauchgefühl verlassen, in unserer heutigen Gesellschaft nicht
erwünscht sind. Oft genug werden sie als Sonderlinge oder Spinner
angesehen, weil sie nicht die Sichtweisen unserer Gesellschaft teilen
und sich nicht konform verhalten.

Unsere Seele ist in der Zeit unserer Kindheit extrem offen und emp-
fänglich. Wir nehmen alle Eindrücke und auch alle Emotionen auf
wie ein Schwamm. Dies ist den meisten Menschen wahrscheinlich
klar – und auch in modernen Psychotherapien wird das Augenmerk
auf Verletzungen aus dieser prägenden Zeit gelegt.

In der seelenschamanischen Arbeit hat sich aber herausgestellt, dass nicht nur diese ersten sieben Jahre ab unserer Geburt wichtig sind, sondern dass die Prägung schon viel früher beginnt. Den Moment, in dem sich Eizelle und Samenzelle vereinen und mit der Seele verbinden, bezeichnen wir im Seelenschamanismus als die *eigentliche Geburt*. Alles, was in diesem Moment in den Eltern vorgeht, hat Einfluss auf das Leben des Neuankömmlings – sowohl im positiven als auch im negativen Sinn. Ebenso sind die Eindrücke in den neun Schwangerschaftsmonaten entscheidend für unser weiteres Leben.

Negative Emotionen, die im Moment unserer Zeugung und in den folgenden Schwangerschaftsmonaten in unser System gegeben werden oder schon in der Samen- oder der Eizelle gespeichert waren, können uns unser ganzes Leben lang begleiten und uns teilweise daran hindern, freudvoll unser Potenzial auszuleben.

Um dich von Gedanken und Gefühlen, die dich belasten und davon abhalten, deinen Weg zu gehen, zu befreien, empfehle ich dir, dich den Elementen anzuvertrauen. Diese Urkräfte der Schöpfung sind in der Lage, deine Blockaden zu lösen und dir eine höhere Perspektive auf deine Probleme zu schenken, aus der manches, worum deine Gedanken kreisen, gar nicht mehr so gravierend erscheint.

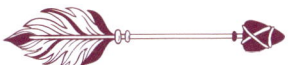 ## Übung 3: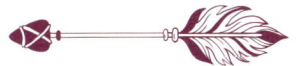

DER ERDE DEN
KUMMER ÜBERREICHEN

Lasse dich im Sommerurlaub am Strand in den Sand einbuddeln, oder lege dich in deinem Garten unter den frischen Grasschnitt oder bei einem Bauern ins Heu. Bedecke deinen ganzen Körper mit Sand, Gras oder Heu, und lasse nur dein Gesicht frei. Spüre die Schwere der Erde unter dir, spüre das jeweilige Naturmaterial auf dir. Atme den Duft der Erde, des Sandes, des Grases, des Heus. Spüre, wie es dich umhüllt, dich wärmt, behütet und schützt. Mache dir bewusst, dass dein Körper aus dem Erdelement gebildet ist, dass du nun ganz von etwas umgeben bist, was zutiefst verwandt mit dir ist. Bleibe so für eine halbe Stunde liegen, und genieße das Gefühl der Erdverbundenheit. Wenn du spürst, dass deine Seele etwas sagen möchte, dann leihe ihr deine Stimme. Erzähle der Erde von deiner Last – sie wird sicher einen Teil von dir nehmen.

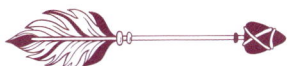 ## Übung 4: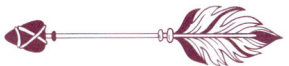

DIE LAST VOM WASSER
FORTSPÜLEN LASSEN

Begib dich an einen Fluss oder einen Bach. Stelle oder setze dich ans Ufer, und schaue flussabwärts. Stelle dir vor, wie das Wasser durch dich hindurchfließt, wie es sich mit deiner Seele verbindet und Emotionen mit sich fortträgt. Vielleicht sitzt ein negatives Gefühl in dir fest, ein Grummeln im Bauch, das dich unfrei oder handlungsunfähig zu machen scheint. Lasse dieses Bauchgefühl mit dem Fluss oder Bach davontreiben. Vertraue darauf, dass das Gewässer diese Emotionen mit sich nimmt. Lasse dich energetisch vom Wasser reinigen. Vielleicht hast du ein Hautproblem, das dir deine innere Blockade anzeigt. Lasse das Wasser des Flusses dich auf spirituelle Weise reinigen. Erzähle dem Wasser von der Last, die deine Seele mit sich herumträgt. Bitte es, diese Last fortzuspülen. Nach einer Weile, wenn du merkst, dass deine Emotionen gelöster und freier sind, drehst du dich um und schaust flussaufwärts. Nimm nun die neue und frische Kraft auf, die das fließende Gewässer dir bringt.

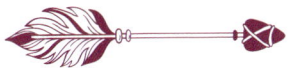  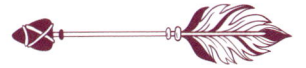

Übung 5:

DIE SORGEN DEM FEUER ÜBERGEBEN

Setze dich vor einen offenen Kamin oder an ein Lagerfeuer. Lasse deinen Blick ganz weich werden, und schaue ins Feuer. Lasse deinen Geist immer tiefer ins Spiel der Flammen sinken. Spüre die Wärme auf deinem Gesicht, höre das Prasseln und Knistern, das Knacken der Holzscheite. Atme achtsam, versenke dich … Das Feuer wird zu dir sprechen, Figuren werden in den Flammen erscheinen, Tiere, Fabelwesen, Ahnen … Lasse dich ganz darauf ein, vertraue deiner Intuition, und lasse dich von dem, was das Feuer dir sagen möchte, in deinem Herzen berühren. Spüre, wie deine Seele dem Feuer antwortet. Sprich für deine Seele, erzähle dem Feuer alles, was dir spontan einfällt. Erzähle von deinem Kummer. Rede dir alles von der Seele. Der Rauch nimmt alle deine Sorgen mit, denn Rauch ist das Einzige, was sich vor deinen Augen auflöst. Lausche der Kommunikation zwischen deinem Inneren und dem Element des Feuers.

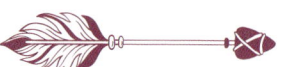 **Übung 6:**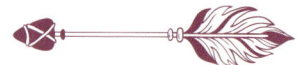

DEN WIND DURCH UNS HINDURCHWEHEN LASSEN

Gehe an einem Tag, an dem ein starker Wind weht oder gar ein Sturm aufzieht, nach draußen, am besten auf ein freies Feld oder einen Hügel. Setze dich bewusst der Kraft des Windes aus, lasse ihn an dir zerren und rütteln, lasse dich innerlich bewegen.

Stelle dich mit dem Rücken zum Wind hin, und lasse Negatives fortwehen. Erzähle dem Wind laut von deiner Seele, rufe deine Sorgen in den Wind, und lasse ihn sie mit sich davontragen. Singe das Lied deiner Seele, wenn es spontan in dir auftaucht und beginnt, zu klingen und zu tönen. Lasse zu, dass der Wind alles Negative aus dir hinausweht, dich durchweht, dich reinigt. Danach drehst du dich um und empfängst die neue Kraft, die aus dem grenzenlosen Raum stammt und die der Wind dir zuträgt.

Seelenfesseln aus Gedankenformen

Zusätzlich zu diesen leichter nachzuvollziehenden Prägungen unseres aktuellen Lebens gibt es aus der Sichtweise der Schamanen auch Blockaden, die aus früheren Inkarnationen stammen und die wir in dieses Leben übernommen haben. Dazu gehören Glaubenssätze, Gedankenformen, Flüche, Besetzungen und vieles mehr. All diese Energiemuster, von denen wir in der Regel nichts ahnen, können einen enormen Einfluss auf unser Leben haben. Im Folgenden werde ich näher auf all diese Seelenfesseln eingehen und darauf, wie man sich von ihnen befreien kann.

Vielleicht hast du dich ein wenig erschreckt, als du im Inhaltsverzeichnis etwas von Flüchen, Besetzungen und dergleichen gelesen hast – weckt es doch Assoziationen von schwarzer Magie, Hexenverfolgung oder dem, was wir uns fälschlich unter Voodoo vorstellen. Schneller, als wir es bemerken, rattert ein ganzer Gedankenzug ohne Führer ab in die Länder der Angst und nimmt unsere Aufmerksamkeit mit sich. Eine solche Macht können Gedanken oder übernommene Vorstellungen haben! Und dieses Beispiel verdeutlicht schon wunderbar, was Flüche, Besetzungen, Eide, Gelöbnisse, Implantate und dergleichen im Grunde sind: Sie stellen Gebilde negativer Energie dar, blockierende Gedankenformen aus diesem Leben oder vorherigen, eigene oder ererbte, die an uns kleben und uns in unserem jetzigen Leben hindern und einschränken. So betrachtet, verlieren die Begriffe doch gleich den Schrecken!

Wie es also Energien gibt, die uns kräftigen und uns Freude schenken, so legen uns negative Energien Steine in den Weg, und das in vielerlei Hinsicht. Manche wirken sich finanziell aus, andere drücken uns emotional nieder. Einige dieser Energien sind von uns selbst verursacht, andere von anderen Menschen – häufig von unseren Ahnen, die bis zwölf Generationen zurück unser Leben beeinflussen können.

Sowohl den Verursachern als auch den Betroffenen dieser Energien ist meist nicht bewusst, was geschieht – sind wir doch selten so aufmerksam, die Qualität unserer Gedanken zu beobachten oder unsere Worte mit Bedacht zu wählen. Wie so oft entsteht das meiste Leid durch Unachtsamkeit.

Ich möchte dir eine andere Sichtweise auf diese Energien aufzeigen und verständlich machen, wie wir uns vor ihren Einflüssen schützen, uns energetisch reinigen und von ihnen befreien können. Was erst einmal kompliziert oder anstrengend klingt, ist in der Realität wirklich einfach. Und es ist wirkungsvoll! Denn durch eine Veränderung der Energien ändert sich auch unser Bewusstsein, wodurch wir uns nicht nur eine andere Realität erschaffen, sondern uns auch davor bewahren, selbst Energien in die Welt zu senden, die auf andere Menschen und uns negative Auswirkungen haben können. Je weniger negative Energien du aussendest, desto weniger prallen auf dich zurück, haften dir an und werden von dir an deine Kinder und Enkel weitervererbt.

Je bewusster wir in unserer seelenschamanischen Energiearbeit werden, desto leichter wird es für uns, unseren Weg, sprich unseren Seelenplan, zu dem wir uns vor unserer jetzigen Inkarnation entschlossen haben, wirklich zu gehen und ohne jegliche energetische Belastung unser selbst gewähltes Schicksal zu erfüllen.

Es ist möglich, dass das, was ich dir hier vorstellen werde, dein bisheriges Denken auf den Kopf stellt. Oftmals ist es schwierig, energetische Phänomene in Worte zu fassen, denn naturgemäß ist unsere Sprache auf den Intellekt zugeschnittenen, nicht auf die Seele. Aber auch wenn manche Dinge schwer zu *verstehen* sind, sind sie leicht zu *erfahren!*

Um dir das Verständnis möglichst einfach zu machen, habe ich einige verdeutlichende Beispiele eingestreut und beschreibe viele Übungen, die dich befähigen, das Gesagte selbst auszuprobieren. Nichts versteht sich leichter, als das, was man anhand eigenen Erlebens innerlich überprüft hat! In der Tat ist genau dies – die eigene Erfahrung, die zu einem Verstehen führt, das nicht an den Intellekt gebunden ist – der Schlüssel zur gesamten seelenschamanischen Arbeit. Meine Aufgabe ist es dabei stets, dich an deine eigene innere Weisheit zu erinnern und dir Vertrauen in deine eigene Wahrnehmung und deine Realität zu vermitteln. Hast du dieses Vertrauen gefunden, dann ergibt sich der Rest von selbst.

Auch bei einem schwierigen oder vielleicht angsteinflößenden Thema bitte ich dich also, Vertrauen zu haben, vor allem zu dir selbst und zu den inneren Prozessen, die hiermit in Gang gesetzt werden können.

Energien, die uns behindern

Wie gesagt, haben unsere Gedanken eine ungeheure Macht, die größer ist, als uns normalerweise bewusst wird. Jeder Gedanke schwingt in einer bestimmten Energiefrequenz. Dies ist übrigens keine spinnerte Vorstellung, die sich ein Esoteriker einmal ausgedacht hat, sondern eine einleuchtende Tatsache: Jede Aktivität des Gehirns ist als ein elektrischer Strom zwischen Nervenzellen in einem EEG mess- und darstellbar. Dabei ist es inzwischen sogar möglich, den gemessenen Energiepotenzialen Qualitäten zuzuordnen, das heißt, es kann unterschieden werden, ob die gemessene Emotion positiv oder negativ ist. Jede Gedankenfrequenz entspricht also auch dem darunterliegenden Gefühl. Dass du von den Gefühlen anderer Menschen genauso wie von ihren Worten beeinflusst wirst, direkt und auf der Stelle, erkennst du daran, was passiert, wenn dein Chef, dein Vater, dein Partner, deine Tochter … offensichtlich schlecht gelaunt auf dich zukommt. Es ist die Schwingung der Gedanken einer Person, die auf uns und unsere Umwelt einwirkt. Sie kann sowohl positiv wirken, wie du es zum Beispiel von ermutigenden und aufmunternden Worten kennst, aber auch negativ, etwa beim kritischen Chef, bei Vorurteilen, Verurteilungen oder anderen verletzenden Worten. Während man auf Worte meist direkt reagieren kann – man hat die Person, die sie ausgesprochen hat, schließlich direkt vor der Nase – oder wenigstens weiß, woher die plötzliche schlechte Laune stammt, bleiben andere Beeinflussungen kaum greifbar oder identifizierbar, was es sehr schwer für uns macht, mit ihnen umzugehen oder sie gar zu beherrschen.

Es sind jedoch gerade die unsichtbaren Einflüsse, die uns besonders aus der Bahn werfen: Emotionen, die ganz tief in unserem Zellgedächtnis verankert sind. In diese Kategorie fallen die meisten der oben genannten Fesseln, auf die ich im Folgenden näher eingehen möchte.

Negative Gedankenformen, mit denen wir uns innerlich identifizieren, stammen normalerweise aus unserem Unterbewusstsein, das uns zu unglaublichen 95 Prozent steuert. Das Unterbewusstsein ist in drei Teile geteilt: das Vertrautheitsgedächtnis, das schattenhafte Unterbewusstsein und das Zellgedächtnis.

DAS VERTRAUTHEITSGEDÄCHTNIS enthält alles, was du seit dem Moment deiner Zeugung bewusst oder unbewusst erlebt hast. Alles! Sämtliche Erfahrungen und Gedanken, das, was dir als Säugling widerfahren ist, und sogar das, was deine Eltern gedacht oder gefühlt haben, als du gezeugt wurdest. Du hast auf all dies keinen aktiven Zugriff – Gott sei Dank, denn das würde dich genauso überfordern wie, wenn du ständig den kompletten Inhalt deines Kellers, deiner Garage und deiner Gartenlaube im Wohnzimmer stehen hättest. Aber die fehlende Zugriffsmöglichkeit und das fehlende Wissen darum, was da eigentlich alles seit Jahren in deinem Keller eingemottet liegt, machen es auch schwieriger, das, was dich heute beeinflusst, einer vergangenen Erfahrung zuzuordnen.

Interessanterweise sitzen 75 Prozent des Vertrautheitsgedächtnisses im Langzeitgedächtnis. Diese üben einen starken Einfluss auf unser Bewusstsein aus, denn hier befinden sich auch alte Verletzungen und Blockaden aus all deinen Inkarnationen, die zu anderen Teilen deines Unterbewusstseins gehören. An sie kannst du dich nicht bewusst erinnern, sie kann die Seele jedoch jederzeit als Information abrufen.

Die weiteren 25 Prozent der Erinnerungen sind im Kurzzeitgedächtnis abgespeichert, weil uns diese Energien in unserer jetzigen Inkarnation wiederholt begegnet sind und sich sozusagen in uns »eingenistet« haben. Ein Beispiel hierfür kann der ungeheure Druck sein, den ein Jugendlicher in seiner Ausbildung aushalten muss, wenn er eine wichtige Aufgabe auszuführen hat. Dieses Gefühl kann einerseits durch die äußere Erwartung, Chef, Ausbilder, Mitarbeiter oder sonstige Kollegen zufriedenzustellen, hervorgerufen werden, andererseits aber auch durch ein negatives Selbstbild zustande kommen.

Dieses wurde vielleicht durch einen stets kritisierenden Vater erzeugt. Hat dieser immer wieder gesagt: »Du bringst es ohnehin zu nichts!«, ist der Satz in einem solchen Moment unbewusst im Energiefeld des Jugendlichen gegenwärtig und macht eine Aufgabe, die ihm eigentlich leichtfallen würde, zu einer echten Tortur.

Solche Gedankenformen sind also das genaue Gegenteil von positivem Denken! Bei diesen Phänomenen, die unserem Vertrautheitsgedächtnis entstammen, können wir selbst tätig werden und energetisch arbeiten, um sie aufzulösen.

Negative Gedankenformen, die uns im Leben behindern, können aber auch aus unserem SCHATTENHAFTEN UNTERBEWUSST-SEIN herrühren. Dort finden wir die Erfahrungen unserer unmittelbar vergangenen Inkarnation gespeichert. Was auch immer du in deinem letzten Leben erlebt hast, hast du im schattenhaften Unterbewusstsein mit in diese Inkarnation genommen. Es ist quasi das Vertrautheitsgedächtnis deines letzten Ichs, das wie ein Schatten auf dein jetziges Leben fällt.

Diese Gedankenformen sitzen tiefer in uns fest – und sie sind auch verborgener, sodass wir selbst keinen Zugang zu ihnen finden können. Stelle dir vor, du hast einem Freund versprochen, eine bestimmte Sache nicht weiterzuerzählen. Aber du hast dich verplappert, und im weiteren Verlauf ist der Zusammenhang zwischen deinem schlechten Gewissen, deinem Schuldgefühl und deinem Magengeschwür ziemlich offensichtlich. In diesem Fall hast du bewusst ein Versprechen gegeben und es bewusst gebrochen. Ist dir dies nun in einem vorherigen Leben widerfahren, kannst du das unterschwellige Gefühl der Schuld nicht zuordnen, du hast ja bestenfalls – wenn überhaupt – eine schattenhafte Erinnerung an den Bruch deines Versprechens. Vielleicht sind es erst die hartnäckigen Magenbeschwerden, die dich irgendwann in die Praxis eines Seelenschamanen führen, der dann auf der feinstofflichen Ebene die entsprechenden Blockaden aufzulösen weiß.

DAS ZELLGEDÄCHTNIS, als dritter Teil des Unterbewusstseins, enthält die Erlebnisse und Erfahrungen aller deiner Inkarnationen. Während das schattenhafte Unterbewusstsein dir noch relativ nah ist und du manchmal eine Ahnung einer Erinnerung daraus haben kannst, sind die im Zellgedächtnis gespeicherten Eindrücke nicht abrufbar. Sie sind so tief in deinen Zellen verankert wie deine individuellen Gene, und wie diese von Generation zur Generation weitergegeben werden mit allen ihren positiven und negativen Auswirkungen, so vererbst du dir selbst die Energieabdrücke von Inkarnation zu Inkarnation weiter. Deshalb kann sich ein bestimmtes Thema hartnäckig durch mehrere Leben ziehen, in immer leicht abgewandelter Form.

Vielleicht denkst du jetzt, dass es nicht weiter schlimm ist, ein paar Erinnerungen mehr oder weniger in dem Keller deines Bewusstseins gelagert zu haben. Du solltest dir aber bewusst sein, dass diese Erinnerungen stets in energetischer Verbindung zu deinem Körper stehen. Obgleich sie selbst feinstofflicher Art sind, können sie sich also durchaus körperlich auswirken – was sie auch regelmäßig tun!
Jeder Arzt kennt psychosomatische Krankheitsbilder, bei denen negative Gedanken, Blockaden und Ängste auf die physische Ebene einwirken und Beschwerden verursachen, für die keine körperlichen Ursachen festzustellen sind. Der Patient fühlt sich dann oft in die Position gedrängt, »sich die Schmerzen nur einzubilden« – aber nein, sie sind so real wie Schmerzen mit organischer Ursache. Nur ist es die seelische Schwierigkeit, die in diesem Fall den Körper krank macht. Man sagt auch, die innere Situation, die wir uns nicht bewusst gemacht haben, taucht im Außen als Schicksal auf.
In der seelenschamanischen Arbeit versuchen wir, solche Energien – egal, woher sie kommen, und egal, wie mächtig sie sind – so umzuwandeln, dass sie keinerlei Hindernis auf unserem Weg der Erfüllung unseres Seelenplans mehr darstellen.

Nachdem du nun die verschiedenen Arten unseres Gedächtnisses kennst, in denen Blockaden gespeichert sein können, können wir die einzelnen hinderlichen Energien, ihre Entstehung und die entsprechenden seelischen Hintergründe betrachten.

Flüche

Nicht erst seit Harry Potter assoziieren wir »Flüche« mit einem Kampfinstrument unangenehmer Zeitgenossen. Das Fluchen ist aber in Wahrheit nicht die Domäne böser Hexen und Schwarzmagier, und es werden dazu auch keine Zaubertränke aus Eidechsenauge und Fledermausflügel gebraut. Das alltägliche Fluchen, wie jeder von uns es unbewusst immer wieder tut, ist etwas viel Einfacheres, aber auch Unspezifischeres. Flüche sind keine Formeln und Rituale, die bewusst eingesetzt werden, um anderen Menschen zu schaden, sondern in den allermeisten Fällen Energien, die unachtsam mit unseren Gedanken in die Welt geschickt werden – wie wir es beispielsweise mit jedem Schimpfwort tun.

Meist sind es nicht einmal offen ausgesprochene Gedanken, die Schaden anrichten, sondern Gedankenformen wie im Beispiel des Jugendlichen und seines überkritischen Vaters, der ihn dauernd in die Schranken weist. »Mach dies oder jenes nicht«, »Du kannst das nicht, also lass es einfach sein« – dies sind Beispiele für Flüche, wie sie jeder von uns schon einmal gehört oder erfahren hat und, seien wir ehrlich, selbst ausgesprochen hat. Du siehst also, dass es hier nicht um mystisch-magische Horrorszenarien geht, sondern um ganz alltägliche Dinge, denen jeder von uns ausgesetzt ist. Und nicht nur das, oftmals sind wir es selbst, die uns die bösesten, hinderlichsten Flüche selbst an den Hals wünschen, und auch dies zumeist weder bewusst noch absichtlich.

Denn es macht keinen Unterschied, ob andere oder wir selbst Gedankenenergien gegen uns richten und wir sie gegen andere rich-

ten, denn sie kehren wie ein Bumerang zurück und treffen uns am Ende selbst. »Was du nicht willst, was man dir tu, das füg auch keinem anderen zu« bezieht sich auf keine kosmische oder himmlische Gerichtsinstanz, die dich für deine Taten bestraft, sondern es ist das simple Gesetz »Was du sendest, kommt zu dir zurück«, das hier wirkt.

Tagtäglich senden und empfangen wir auf diese Weise Energien, und tagtäglich bleiben die verschiedensten Energien an unserer Aura haften und werden Teil unseres Unterbewusstseins. Wenn wir bedenken, dass wir zu 95 Prozent aus dem Unterbewusstsein heraus gesteuert werden, können wir uns selbst ausmalen, welche Auswirkungen solche Energien auf unser Leben haben können.
Wären wir immer zentriert und in unserer Mitte, würde die Lebensenergie (Prana, Chi, Nwyfre …) immer ungehindert durch uns hindurchfließen. Dann wäre unsere Aura stark und mehr oder weniger immun gegen negative Energien. Leider sind jedoch die meisten von

uns schon früh aus ihrem natürlichen inneren Gleichgewicht gefallen und alles andere als geerdet und zentriert. Dies kann durch die unterschiedlichsten Einflüsse geschehen, darunter mangelnde Erdung, Schuldzuweisungen, Bewegungsmangel, permanenter Medienkonsum, schlechte Ernährung etc. Unsere Aura wird dadurch löchrig, statt einer stabilen Schutzschicht gleicht sie einem Sieb, das es energetischen Einflüssen leicht macht, sich an uns zu heften oder in unseren Energiekörper einzudringen. Was jetzt wieder theoretisch und kompliziert klingen mag, ist einfach zu verstehen, wenn du dir vorstellst, was für einen Unterschied es macht, ob du deinem wütenden Chef ausgeglichen und in guter Laune begegnest oder an einem Tag, an dem du selbst mit dem falschen Fuß aufgestanden bist. Im ersteren Fall wird die Wut an dir abprallen, vielleicht kannst du sogar Mitgefühl mit deinem Chef empfinden, während du dich im zweiten Fall entweder von der Wut anstecken lässt oder dich von ihr überrollt fühlst und geschwächt und derangiert aus der Begegnung herauskommst.

Glücklicherweise können wir diese Energien jedoch relativ leicht entfernen, und es ist eine gute Angewohnheit, dies regelmäßig zu tun – auch wenn du vielleicht nicht sofort eine großartige Wirkung spürst. Wichtiger als der momentane Nutzen ist die Langzeitwirkung solcher Maßnahmen: Stelle dir solche Flüche wie Vogelkot auf dem Auto vor. Jeder Fleck ist zunächst nur eine oberflächliche Verunreinigung, unschön, aber nicht weiter schlimm, wenn man sofort etwas dagegen unternimmt. Ignoriert man ihn und kümmert sich nicht darum, vielleicht, weil man kein Interesse an der Pflege seines Fahrzeugs hat oder gerade keine Zeit dazu, dann frisst sich der Vogelkot in den Lack und wird ihn schließlich zerstören. Die Stelle wird anfangen, zu rosten, und wenn du Glück hast, dann ist sie nur auf der Motorhaube, und der TÜV verlangt keine großen Reparaturen von dir … du verstehst, worauf ich hinauswill.

Übertragen wir dieses Beispiel auf unsere seelische Verfassung, wird deutlich, dass eine regelmäßige Reinigung unseres Energiesystems sinnvoll ist, wenn wir aufwendige Behandlungen und Operationen verhindern möchten.

Übung 7:

DIE AURA REINIGEN

Wenn du abends zur Ruhe kommst, nimm dir ein paar Minuten Zeit, um deine Aura von allem zu reinigen, was sich tagsüber durch deine eigenen Gedanken, die Gedanken und Worte von anderen und deine allgemeine Lebensführung in ihr angesammelt hat.

Visualisiere deine Aura, und streiche dann ganz langsam von oben nach unten alles Negative von ihr ab. Vertraue der Macht deiner Gedanken, deiner Vorstellungskraft! Erinnere dich daran, wie eine Mutter einem Kind, das sich wehgetan hat, den Schmerz wegpustet oder wegstreichelt. Streiche alles Negative von dir ab, indem du dir vorstellst, dass du ein goldenes Sieb durch deine Aura und deinen Körper führst, vom Kopf bis zu den Füßen lässt du es langsam zu Boden sinken. Denke dabei: »Alles, was nicht zu mir gehört, bleibt in dem Sieb hängen.« Zum Abschluss mache einen Schritt aus dem Sieb heraus, das nun am Boden liegt. Befreie dich auf diese Weise von allen negativen Einflüssen, bevor du dich zum Schlafen hinlegst. Mache dir diese Übung zur Gewohnheit, und du wirst überrascht sein, welche positiven Effekte sie auf dein Leben hat.

Diese Übung kannst und solltest du so regelmäßig wie möglich machen. Am besten nimmst du sie in deine Routinen vor dem Schlafengehen auf, sodass sie so selbstverständlich wie das Zähneputzen wird.

Urteile

Warum ein Urteil ein Fluch sein soll, ist vielleicht nicht auf den ersten Blick einleuchtend. Wenn wir darüber nachdenken, dann stellen wir jedoch fest, dass ein Urteil immer eine Bewertung enthält. Und von dort ist es nur noch ein kleiner Schritt bis zu einer Verurteilung. Urteile und die daraus folgenden Verurteilungen sind Flüche, die wir anderen und uns selbst anheften. Uns begegnet ein Mensch auf der Straße, an dem uns irgendetwas missfällt: Seine Kleidung ist schmutzig, er wirkt betrunken, er spricht zu laut, er wirkt aggressiv oder erfüllt in irgendeiner anderen Weise nicht die Erwartungen, die wir unbewusst auf die ganze Welt projizieren. Wir kennen jedoch nicht die ganze Geschichte, den Hintergrund dieses Menschen, wir wissen nicht, was ihm zugestoßen ist. Trotzdem bewerten wir ihn, ohne wirkliche Kenntnis seiner Person, und nennen ihn in Gedanken vielleicht einen »Penner« oder »asozial«. Und schon klebt diesem Menschen ein Etikett an, das sich nicht so schnell entfernen lässt. Denn Wertungen (»anders«, »schmutzig« oder »unangenehm«) führen zu Urteilen, und diese wiederum führen zu Verurteilungen, die absolut sind. Unser Geist hat eine Schublade geöffnet, den Menschen dort hineingesteckt und die Schublade geschlossen.

Solch ein Urteil, das wir über eine andere Person fällen, wirkt wie ein Fluch. Wir setzen damit Energien frei, die sich an die Aura des anderen heften und ihn negativ beeinflussen. Zusätzlich zu den Problemen, die er eh schon hatte, wird er nun auch noch von der energetischen Fessel unseres Urteils belastet. Anstatt Mitgefühl zu schenken oder diesen Menschen anzunehmen, wie er ist, schwingen wir die moralische Keule und werden damit Teil des Problems statt Teil der Lösung.

Dies geschieht natürlich nicht einseitig. Genauso, wie wir Urteile über andere fällen, ohne wirklich darüber nachzudenken, fällen andere auch Urteile über uns, deren Energie an uns haftet. Im Beispiel ist es möglich, dass der Mann, den du als »Penner« be- und verurteilt hast, ebenso voreilige und falsche Schlüsse über dich zieht. Vielleicht betitelt er dich in Gedanken als »arroganten Schnösel« oder »Spießer«. Und so kann man sich einen Großteil unserer gesellschaftlichen Probleme energetisch erklären.

Da das Phänomen des Urteilens so weit verbreitet ist – vor allem, weil es so unwillkürlich und unbewusst passiert –, möchte ich dir eine grundlegende Technik vorschlagen, die du anwenden kannst, um dir deiner eigenen Tendenzen bewusst zu werden und sie langsam, aber sicher aufzulösen.

Übung 8:

OBJEKTIVITÄT ÜBEN

Diese Übung kannst du jederzeit und überall machen. Sie dient dazu, dir erst einmal die Bahnen bewusst zu machen, in denen deine Gedanken automatisch laufen, die grundlegende Struktur, in der du die Welt siehst.

Schaue dich dafür zunächst einfach einmal um, egal, wo du bist, und benenne, was du siehst, und dann beschreibe es. Vielleicht sitzt du mit diesem Buch auf dem Sofa und neben dir steht ein Sessel. Beschreibe den Sessel. Vielleicht sieht deine Liste so aus: »groß, breit, alt, blau, schäbig, hässlich, bequem, kurzbeinig«. Wenn du jetzt diese Liste betrachtest, dann siehst du, dass du objektive Beschreibungen gemacht hast (alt, groß, blau) und subjektive (hässlich, bequem). Und in diesen subjektiven Beschreibungen steckt bereits dein Urteil. Der Sessel ist nicht hässlich, du empfindest ihn so. Hässlichkeit ist keine Eigenschaft, sie ist eine Wertung.

Versuche nun einmal, deine Umgebung völlig neutral und objektiv zu beschreiben, indem du alles weglässt, was eine mehr oder weniger versteckte Wertung enthält. Das ist gar nicht so einfach!

Mit dieser Übung kannst du dir bewusst machen, wie viel deiner Umgebung du subjektiv beurteilst, wie viele Urteile du regelmäßig unbewusst fällst, und so ein Gespür dafür entwickeln.

Übung 9:

DIE GANZE GESCHICHTE SEHEN

Wenn du das nächste Mal mit für dich schwierigen Menschen in Kontakt kommst, versuche bitte, deinen automatisierten Gedankengängen zuvorzukommen. Halte den Strom der Beurteilungen an, indem du dir selbst ein »Stopp!« signalisierst. Versuche nun, den Menschen unabhängig von der aktuellen Situation zu sehen und seine ganze Geschichte zu erfühlen. Wenn zum Beispiel eine Kassiererin unfreundlich zu dir ist, reduziere sie nicht auf ihre Rolle als Kassiererin, sondern sieh sie als ganzen Menschen, und stelle dir selbst mitfühlende Fragen. Wie war wohl ihr Tag bisher? Wie viele ungeduldige Kunden musste sie heute schon bedienen? Wie hat sie letzte Nacht geschlafen? Hat sie vielleicht ein krankes Kind zu Hause, das sie die ganze Nacht wach gehalten hat? Hat sie vielleicht heute Morgen festgestellt, dass das Geld auch diesen Monat nicht reichen wird? Hat ihr Chef ihr heute Überstunden aufgebrummt?

Dir fallen sicher noch viele weitere Fragen ein, wenn du darüber nachdenkst, wie dein Leben aussieht und wie vielleicht auch das Leben anderer Personen aussehen könnte. Mache dir bewusst, dass es für jedes Verhalten Gründe gibt, von denen viele nicht augenscheinlich sind, aber unser Mitgefühl erfordern. Sei dir sicher, dass wir alle in unserem Alltag oft kämpfen müssen. Halte dein Herz für die ganze Geschichte der Menschen in deiner Umgebung offen.

Wenn du diese Übung öfter machst, wirst du feststellen, dass deine Tendenz zum Urteilen schwächer wird. Sie klingt einfach. Der Knackpunkt ist jedoch, bewusst einzugreifen, bevor die Gedanken auf Autopilot geschaltet haben, und das Herz offen zu halten.

Schwüre

Ein Schwur ist zunächst einmal einfach ein Versprechen einer künftigen Handlung oder eines künftigen Verhaltens. So kannst du schwören, dass du etwas Bestimmtes tun, unterlassen oder einhalten wirst. Die häufigsten Schwüre sind Rache- und Treueschwüre. Festliche Schwüre werden oder wurden oft mit speziellen Formeln versehen, zum Beispiel »bei meiner Ehre« oder »so wahr mir Gott helfe«.

Viele Schwüre werden allerdings nicht bewusst oder mit voller Absicht gegeben und laut ausgesprochen. Wie bei Flüchen sind es unachtsame Worte, die energetisch wie ein Schwur wirken.

Wenn dir in deinem Leben schlimme Dinge durch andere Menschen widerfahren sind, hast du dich vielleicht zu einem Racheschwur hinreißen lassen. Gerade in unserer Jugend, wenn wir noch aufbrausender und gefühlsbetonter sind, sprechen wir unachtsam etwas aus, was eine Unmenge an negativer Energie in sich trägt. Natürlich ist solch ein Racheschwur besonders schlimm, wenn wir ihn wirklich in die Tat umsetzen, aber auch der reine Gedanke oder das ausgesprochene Wort kann wie ein Fluch wirken. Die Gedankenform wird ausgesandt und setzt sich in der Aura desjenigen fest, dem wir Rache geschworen haben – aber gleichzeitig auch in unserer eigenen Aura. Lösen wir diese Energie nicht auf, wird sie uns unbewusst immer weiter beschäftigen und kann uns selbst treffen. Auch hier gilt also: Du erntest, was du säst. Was du aussendest, kommt zu dir zurück.

Was in jedem Fall passiert, ist, dass wir nicht von dieser anderen Person lassen können, ebenso wenig wie von dem Leid, das der Auslöser unseres Schwurs war. Unbewusst kreisen wir um das Thema und die Person – und Heilung wird immer unmöglich bleiben. Manchmal verkrampfen wir uns dann so, dass wir völlig ruhelos werden und sich sogar ernsthafte körperliche Krankheiten manifestieren können. Du kannst dir das vorstellen, als würde die ständig um das Negative kreisende Energie sich anstauen und schließlich mit Druck einen

Weg nach draußen suchen. Das macht sich körperlich auf recht unangenehme Weise bemerkbar, ist aber gleichzeitig ein Signal für dich, dass hier etwas nicht stimmt und dass deine Seele leidet. Das körperliche Leiden signalisiert dir auf dringliche Weise, dass du dich um deine seelischen Verletzungen kümmern solltest.

Dabei muss ein Racheschwur nicht immer so extrem sein, dass man einer anderen Person ernsthaft Schlechtes wünscht. Die Weigerung, zu verzeihen, reicht manchmal schon aus, um solche negativen Energien in die Welt zu setzen.
Um dies zu verdeutlichen, möchte ich dir ein paar Beispiele aus meiner Praxis erzählen.

Nie wieder schwarze Finger

Hans, ein guter Freund von mir, hatte während seiner Ausbildung zum KFZ-Mechaniker immer, insbesondere, wenn er an Dieselfahrzeugen arbeitete, schwarze Finger vom Altöl bekommen. Das ärgerte ihn kolossal, deshalb sagte er sich selbst immer wieder den Satz: »Wenn ich meine Lehre als KFZ-Mechaniker abgeschlossen habe, dann suche ich mir eine Arbeit, bei der ich nie mehr schwarze Finger bekomme.«
Dieser Satz, unachtsam ausgesprochen und durch die dahinterliegenden Gefühle verstärkt, wirkte wie ein Schwur oder ein Fluch, den er gegen sich selbst ausgesprochen hatte.
Das Versprechen, das Hans sich selbst gegeben hatte, sollte schneller und völlig anders in Erfüllung gehen, als ihm lieb war: Nach der Ausbildung suchte sich Hans eine neue Arbeit bei einer Gewürzfirma. Und bereits am ersten Tag in seiner neuen Stelle gerieten alle vier Finger seiner rechten Hand in eine Gewürzmühle. Seit dem Tag hatte er tatsächlich nie wieder schwarze Finger.

Vor einigen Jahren kam Karl in meine Praxis und berichtete mir von Problemen mit seiner Psyche und seinem Selbstbewusstsein, die ihn auch in seinem Beruf als Bankangestellter sehr beeinträchtigten. Er fragte mich, ob ich ihm dabei helfen könne, dass er wieder Kraft und Vertrauen in sich selbst finde.

Karl erklärte mir, dass er seit Jahren immer wieder Probleme mit den Frauen habe oder vielmehr Probleme, eine Frau in seinem Leben zu halten. Lernte er eine hübsche Frau kennen und begann eine Beziehung, dauerte es nicht lang, und er benahm sich wieder so unmöglich, dass die Frau die Beziehung beendete.

Durch diese ständigen Misserfolge in der Partnerschaft sei seine Psyche mittlerweile dermaßen angeknackst, dass man ihm selbst im seinem Beruf als Bankangestellter nahegelegt hatte, sich eine Auszeit zu nehmen oder sogar den Beruf zu wechseln, da er für die Bank in diesem Zustand nicht tragbar sei.

Als ich diese Geschichte hörte, kam mir sofort der Gedanke, dass Karl in seinem früheren Leben vermutlich einen Treueschwur abgelegt hatte, der ihn heute noch aus seinem Unterbewusstsein heraus steuerte. Daher konnte er nicht davon ablassen, seine Partnerschaften zu sabotieren, um den Schwur sich selbst gegenüber einzuhalten.

Karl und ich beschlossen, eine schamanische Sitzung durchzuführen, um den Treueschwur aus seinem früheren Leben zu lösen. Ich war sehr gespannt, wie sich Karls Liebesleben nach dieser Sitzung verändern würde.

Einige Monate später meldete sich Karl und berichtete mir, dass er eine wunderbare Frau kennengelernt habe und sie sich schon auf einen Hochzeitstermin geeinigt hätten, da seine zukünftige Frau bereits schwanger sei.

Des Weiteren, teilte er mir mit, werde er in der Bank wieder voll anerkannt und sei in seiner Position gestärkt.

An diesem Beispiel siehst du, wie ein alter, unbewusst wirkender Treueschwur Einfluss auf dein Leben nehmen kann. Nun stelle dir einmal vor, du wärst in deinem früheren Leben ein Berufssoldat gewesen, der seinem Feldherrn die ewige Treue geschworen hat. Auch ein solcher Schwur kann in vielen Lebensbereichen wirken und einen starken Einfluss auf deine Zuverlässigkeit haben.

Versprechen

Wenngleich ein Versprechen nicht so bindend und so weitreichend erscheint wie ein Schwur oder ein Eid, kann es doch lang und tief wirken, insbesondere, wenn du es gegeben, aber nicht gehalten hast. Hast du in deiner Kindheit vielleicht einmal jemanden verpetzt, obwohl du versprochen hattest, nichts zu sagen? Solch ein Beispiel klingt vielleicht ein wenig banal, aber durch dieses Erlebnis können negative Energien an dir haften geblieben sein, wenn du dir im Nachhinein starke Selbstvorwürfe gemacht hast. Mit Aussagen wie »Ich bin ein mieser Verräter« oder »Auf mich kann man sich nicht verlassen« kannst du dir schon einige Fesseln angelegt haben.

Denn solche Sätze – ob von uns oder von anderen ausgesprochen – können tief in unserem Energiesystem hängen bleiben, und die entstandenen Schuldgefühle begleiten uns dann ein Leben lang. Inneren Frieden findet man mit ihnen sicher nicht.

Du solltest dir deshalb genau überlegen, wem du was versprichst und ob du das Versprochene wirklich halten kannst. Wenn du Versprechen gibst, die du nicht halten kannst, werden daraus Energien entstehen, die einen negativen Einfluss auf dich haben. Da ist es manchmal besser, ganz ehrlich zu sich selbst zu sein und zu sagen: »Ich werde es versuchen, aber versprechen kann ich es nicht!«

Gelübde, Eide und Gelöbnisse

Gelübde, Eide oder Gelöbnisse sind quasi die Steigerung eines Versprechens oder Schwurs. Sie dienen der persönlichen Bekräftigung einer Aussage und verpflichten den Ablegenden dazu, strikt bei der Wahrheit zu bleiben und/oder alle Konsequenzen zu tragen. Heutzutage kennen wir vor allem noch die Vereidigung von Zeugen vor einer Gerichtsverhandlung, durch die sichergestellt werden soll, dass bei der Wahrheit geblieben wird, oder die Vereidigung von Würdenträgern und Beamten. Gelübde muten inzwischen altertümlich an und haben zumeist einen religiösen Hintergrund. Bekannt sind vor allem Keuschheitsgelübde, Armutsgelübde oder Schweigegelübde. Mit solchen rituell verstärkten Versprechen geht immer ein besonders hoher Druck einher. Eide und Gelübde wurden und werden in allen Kulturen abgelegt, unabhängig von der jeweiligen Religion oder Kultur.

Dass solche Versprechen einen starken Einfluss auf dein Bewusstsein ausüben, leuchtet ein. Und da das Bewusstsein deine persönliche Realität erschafft, ist es nicht verwunderlich, dass die Alchemie deiner Seele durch sie etwas mehr als ein bisschen aus den Fugen geraten kann.

Gelübde, Gelöbnisse und Eide wirken sozusagen wie Energieverstärker, was positiv und zunächst auch erwünscht ist. Dazu legen wir das Gelübde oder den Eid ja ab. Problematisch wird es erst im Fall einer Übertretung – und da manche dieser Energieformen aus früheren Inkarnationen weiterwirken, an die wir uns nicht erinnern können, ist ein Übertreten mehr oder weniger vorprogrammiert.

Diese Energien sind im Energiefeld des Langzeitgedächtnisses gespeichert, wo sie unser Bewusstsein beschweren. Damit beginnen sie, negativ zu wirken, nicht zuletzt durch den Aufbau eines unterschwelligen, nicht greifbaren Schuldgefühls, aber auch durch ihren behindernden Einfluss auf unsere Entscheidungen und unsere Entschlussfähigkeit. Sie fesseln deine Seele und blockieren deine weitere Entwicklung, was sich, je nach Art des abgelegten Eides, privat, beruflich oder finanziell niederschlägt, aber sich auch auf deine Gesundheit auswirken kann. Wie bei allen Seelenfesseln können körperliche und/oder psychische Unpässlichkeiten die Folge sein. Erstaunlich viele Blockaden gehen auf Energieformen dieser Art zurück. Ich möchte nur daran erinnern, dass Millionen von Seelen in ihren früheren Inkarnationen einen Fahneneid oder ein Armutsgelübde abgelegt haben. Solche Dinge sitzen tief in uns fest.

Man bezeichnet einen Eid im Übrigen auch als bedingte Selbstverfluchung, da oft auch ein Geistwesen oder eine Gottheit als Zeuge bzw. Helfer angerufen wird (»So wahr mir Gott helfe«), manchmal sogar als eigens »bestellten« Rächer bei Nichterfüllung des Eides. Dadurch weckt ein Gelübde, Eid oder Gelöbnis oft von vornherein Angst.

Vor einigen Monaten kontaktierte mich eine Mitarbeiterin einer großen Metallfabrik und vereinbarte einen Termin für ihren Chef bei mir.
Pünktlich zum vereinbarten Termin erschien ein Herr, perfekt geklei-
det in Anzug und Krawatte. Im ersten Moment dachte ich, dass er sich
in der Adresse geirrt hätte und bestimmt nicht zu mir wolle, aber es
stellte sich heraus, dass es sich tatsächlich um den Chef des Metall-
unternehmens handelte. Nachdem er sich vorgestellt hatte, einigten
wir uns darauf, dass ich ihn Herbert nennen würde. (In der Geistigen
Welt haben Nachnamen, die es ohnehin erst seit etwa 500 Jahren in
unserer Gesellschaft gibt, keine Bedeutung.)

Ich fragte Herbert also, was ihn denn zu mir führe. Jetzt, da das Eis zwischen ihm und mir zu tauen begann, erzählte er mir seine Geschichte.
Vor vielen Jahren hatte er den sehr erfolgreichen elterlichen Betrieb
übernehmen müssen. In Erwartung dessen hatte er zuvor eine Lehre
in der Metallwirtschaft absolviert und anschließend ein Studium in
Betriebswirtschaft, und so vorbereitet, übernahm er dann schließlich,
wie von seinem Vater gefordert, die Leitung und Verantwortung für
das Familienunternehmen.

Sehr bald stellte Herbert fest, dass er immer wieder auf massive Probleme bei den Verhandlungen mit Lieferanten und Kunden stieß, sodass
er nicht die Erwartungen an eine wirtschaftliche Unternehmensfüh-
rung erfüllen konnte. Er war einfach nicht in der Lage, in den Verhandlungen seine Ziele konsequent durchzusetzen. Nach vielen Sitzungen
bei einem Therapeuten, der sein Selbstbewusstsein stärken sollte, die
aber nicht den gewünschten Erfolg brachten, entschloss Herbert sich
also, bei mir einen Termin auszumachen.

Nachdem ich mich energetisch mit diesem Thema verbunden hatte,
erhielt ich aus der Geistigen Welt die Information, dass Herbert in seinem früheren Leben ein Armutsgelübde abgelegt hatte. Aufgrund
dieses Gelübdes stimmte die Alchemie dieser Inkarnation seiner Seele und seines Seelenplans nicht mehr.

Herbert würde in diesem Leben machen können, was er wollte, aber niemals ein erfolgreicher Unternehmer werden. Alle seine Anstrengungen waren zum Scheitern verurteilt.

Als Schamane war ich nun gefordert – sofern es die Geistige Welt erlaubte –, dieses Armutsgelübde aus seinem Unterbewusstsein zu löschen, damit Herbert von da an mit seinen unternehmerischen Fähigkeiten Erfolg haben würde, und so geschah es.

Einige Wochen später meldete sich Herbert nochmals bei mir und bedankte sich recht herzlich. Und er äußerte noch folgende Bitte an mich: »Reinhard, ich habe in meinem Unternehmen noch einige Mitarbeiter in Führungspositionen – darf meine Sekretärin für diese Mitarbeiter einen Termin mit dir vereinbaren?« Noch heute stehe ich mit Herbert in einem sehr guten Kontakt, und immer wieder bittet er mich, ihn mit meiner schamanischen Sichtweise zu unterstützen.

Besetzungen

Alle bisher genannten hinderlichen Energieformen entstehen aus unbewussten und unbedachten Gedanken oder unachtsamen Worten, entweder unseren eigenen oder denen anderer. Die nächste Energieform, die ich vorstellen möchte, die unser System und unsere Wahrnehmung stark beeinflussen und beeinträchtigen kann, kommt von außen: die sogenannte Besetzung. Auch das klingt zunächst ziemlich gruselig, da wir »Besetzung« mit Dämonen, Teufeln oder anderen unangenehmen Zeitgenossen assoziieren. Ganz falsch liegt man damit nicht.

Von einer Besetzung sprechen wir dann, wenn Fremdenergien allmählich Besitz von einem Menschen ergreifen, ihn immer mehr steuern, sodass er sein Leben letztlich gar nicht mehr selbst führt, sondern von Energien manipuliert wird, über die er keine Kontrolle hat. Das Opfer solch einer Besetzung lebt in manchen Aspekten seines Alltags nicht wirklich selbst, sondern wird vielmehr gelebt.

Besetzungen entstehen aber nicht durch teuflische Wesenheiten, die darauf aus sind, uns zu schaden, sondern vielmehr durch Seelen, die nach dem Tod ihres irdischen Körpers, statt weiter ins Licht und das Reich der Seelen zu gehen, in dem gestrandet sind, was die Schamanen die »Mittlere Welt« nennen – also der diesseitigen Sphäre der Lebewesen, der Menschen, Tiere und Pflanzen.

Oftmals sind diese Seelen getriebene Wesen, die in ihrer letzten, nicht abgeschlossenen Inkarnation einer oder mehreren Süchten verfallen waren, von denen sie auch nach dem Tod nicht lassen können – ob das nun Alkohol, harte Drogen, Sex, Essen oder Glücksspiel war. Um die Sucht weiterhin ausleben zu können, benötigen sie allerdings eine körperliche Form. Das heißt, sie brauchen einen lebenden Menschen als Vehikel, um an ihr Rauschmittel zu kommen.

Eine Besetzung macht sich bemerkbar durch plötzlich auftretende, gravierende Veränderungen in der Persönlichkeit oder dem Verhalten der besetzten Person. Sie äußert sich zum Beispiel durch plötzliche Unzufriedenheit, Wutanfälle, Stimmungsschwankungen oder ein rapides Abfallen des Energieniveaus, begleitet von verzweifelt wirkenden Aussagen wie »Ich kann nicht mehr, ich schaffe das alles einfach nicht mehr …«. Meist sind dies Formulierungen, die man zuvor von diesem Menschen noch nie gehört hat. Die Persönlichkeitsveränderungen können so stark sein, dass man den Eindruck hat, die Person sei nicht mehr Herr ihrer selbst. Plötzlich einsetzende Süchte oder Verhaltensänderungen nach traumatischen Ereignissen wie einer Operation oder einem Unfall können ebenfalls auf eine Besetzung hindeuten. Die besetzende Seele hat in der durch das Trauma geschwächten Aura eine Eintrittspforte gefunden. Wenn eine Person glaubhaft versichert, dass sie etwas gegen ihren eigenen Willen tut oder getan hat, sollten wir hellhörig werden. Auch bei anhaltenden Misserfolgen in Therapien sollte man genau unter die Lupe nehmen, ob diese Person eine Besetzung hat – oft sind es anhaftende Fremdenergien, die hier einen Fortschritt oder eine Besserung verhindern.

Ich unterscheide zwischen Besetzungen von außen und Eigenbesetzungen. Beide Varianten und ihre seelischen Hintergründe möchte ich im Folgenden beschreiben.

Besetzungen von außen

Besetzungen wirken zwar von außen auf uns ein, nicht wir selbst haben die besetzenden Energien also in die Welt gesetzt. Doch werden wir nur besetzt, wenn wir selbst nicht in unserer Mitte sind. Das kann zum Beispiel der Fall sein, weil wir von einer Krankheit gebeutelt werden oder unachtsam mit uns selbst umgehen. Auch durch eine mangelnde oder schlechte Impulskontrolle, wenn wir das rechte Maß nicht finden und jedem Reiz und allen Gelüsten nachgeben, ohne sie zu hinterfragen, öffnen wir Fremdenergien auf der Suche nach einem passendem Vehikel Tür und Tor. Oftmals haben wir allerdings eine gewisse Prädisposition. Ohne eine Resonanz ist es für eine Fremdenergie schwer, Fuß zu fassen. Zum Beispiel gibt es Menschen, bei denen eine latente Spielsucht vorliegt, mit der sie eine entsprechende Besetzung anziehen, woraufhin die Spielsucht erst richtig ausbricht, dann immer schlimmer wird und gänzlich der Kontrolle entgleitet. Die umherirrende Seele aus der Mittleren Welt, die ihre Spielsucht ausleben will, sucht sich dafür also einen Menschen, der ohnehin schon in abgeschwächter Form zu dieser Form der Sucht neigt, sie aber bislang unter Kontrolle hatte. Das bedeutet, dass der Mensch von sich aus offen für die negativen Energien der Besetzung ist oder sein muss. Unbewusster Schmerz, negative Selbsturteile und entsprechende Gedankenformen, an denen nicht gearbeitet wird, ziehen umherirrende Seelen an und machen den Menschen zu einem leichten Opfer.

Wenn ein Mensch also unter einer Besetzung leidet, hat diese ihn nicht aus heiterem Himmel befallen, und er kann sich auch nicht von jeglicher Verantwortung für das Geschehen freisprechen. Er selbst hat mit seinem eigenen Verhalten die Besetzung angezogen, die vorhandene Strukturen verstärkt. Aber verstehe mich bitte nicht falsch: Hier geht es überhaupt nicht um eine Schuldfrage. Die latenten Strukturen haben ihre Ursache in Erlebnissen, die unser volles Mitgefühl verdienen.

Lasse mich dir das – stark vereinfacht – am Beispiel Alkoholismus verdeutlichen: Wenn ein Mensch übermäßig zum Alkohol greift, ist der seelische Hintergrund meist in der Kindheit zu finden. Wird die Seele in den ersten sieben Lebensjahren der Inkarnation nicht wahrgenommen, nicht beachtet oder gar missachtet, dann versucht sie, eine Erklärung für das Verhalten der Umwelt, der Eltern, der Geschwister und vielleicht auch anderer Verwandter oder Lehrer zu finden. Die naheliegendste Schlussfolgerung ist, man sei nicht liebenswert oder irgendetwas stimme mit einem nicht: »Meine Eltern lieben mich nicht, weil irgendetwas mit mir oder an mir falsch ist«, oder: »Ich bin falsch, wie ich bin. Ich bin nicht genug.« Diese Annahme ist ungeheuer verletzend für die Seele, und sie zieht sich zum Selbstschutz in ein inneres Schneckenhaus zurück, verkriecht sich und hält sich selbst für wertlos. Es ist klar, dass sich das Selbstbewusstsein dieses Menschen nicht gesund entwickeln kann. Der Schamane bezeichnet dieses Muster als Liebesentzug in der Kindheit und Missachtung der Seele. Dabei muss es sich nicht um eine Verletzung in der aktuellen Inkarnation handeln, solche Fesseln können ebenso ererbt oder mitgebracht sein, zum Beispiel als Ahnenkonflikt, wenn sich das Muster durch den Vater, Großvater oder Urgroßvater über die jeweiligen Samenzellen übertragen hat.

Solch ein von Kindheit an belasteter Mensch versucht nun, in der Welt zurechtzukommen, wie wir es alle tun. Das funktioniert vielleicht für eine gewisse Zeit. Aber das labile Selbstwertgefühl, die Scham oder Selbstablehnung werden sich unter dem üblichen gesellschaftlichen Druck, dem Stress am Arbeitsplatz oder in der Beziehung immer weiter verstärken. Je angegriffener das Selbstbewusstsein ist, desto weniger kann die Person mit den Lebensumständen umgehen, und umso verletzlicher ist sie. Jede Verletzung, jede Niederlage oder jedes Versagen verstärkt das schlechte Selbstbild weiter. Immer absolutere Aussagen werden getroffen: »Ich tauge wirklich zu gar nichts. Ich bringe es zu nichts in meinem Job. Meine Eltern konnten mich schon nicht lieben, und mein Partner kann es auch nicht. Kein Wunder, ich bin ja auch ein Versager auf ganzer Linie …« Es ist unschön, mit solchen Gedanken, Gefühlen und Annahmen zu leben, und so suchen manche Menschen Erleichterung in Suchtmitteln. Sie entdecken irgendwann, dass sie diese unangenehmen Gefühle durch den Genuss von Alkohol abschwächen können, dass sie in einem stärkeren Rausch manchmal für eine Zeit nahezu verschwinden. Natürlich folgen unweigerlich der Katzenjammer und mit ihm neue Schuldgefühle, die dann mit mehr Alkohol betäubt werden.

Jetzt erkennt eine Fremdenergie, die in der Mittleren Welt verhaftet ist, dass sie ihre eigenen Süchte durch diese Person ausleben kann. Diese Energie ist körperlos und braucht ein Medium, um zu agieren. Die Aura des Menschen, der ohnehin schon ein mehr als angeknackstes Selbstbewusstsein hat und dem Alkohol in höherem Maße zugeneigt ist, als ihm guttut, stellt für diese Fremdenergie ein geeignetes Opfer dar. Hier ist jemand, dem man nur noch einen leichten Schubs in die falsche Richtung geben muss, um den eigenen Süchten weiter frönen zu können. Die Fremdenergie klammert sich an die Aura dieses Menschen, nimmt Einfluss auf sein Energiesystem und drängt ihn immer weiter zum Alkohol: »Trink noch etwas. Das tut dir gut. Danach fühlst du dich besser. Wenn du betrunken bist, mögen dich die Leute, weil du viel lockerer und witziger bist.«

Vor der Besetzung war es schon schwer, vom Alkohol zu lassen. Mit der Energie der Besetzung, die immer weiter in die Sucht drängt, ist es nun fast unmöglich, aus dem Teufelskreis auszusteigen, denn die Fremdenergie ist natürlich nicht bereit, von diesem Menschen, mit dessen Hilfe sie die eigene Sucht ausleben kann, zu lassen.

Dieses traurige Beispiel kann man in groben Zügen auf alle Formen der Sucht übertragen. Stelle dir das Energiefeld des suchtgeplagten Menschen vor wie das Meer bei Windstärke 12: Es ist aufgewühlt, unruhig, mit hohen Wellenkämmen und tiefen Wellentälern. Nicht sehr angenehm für einen geübten Segler, äußerst unangenehm für eine durchschnittliche Landratte. Besetzungen indes sind wie Piraten, grobe Gestalten, die den Sturm lieben und es mögen, wenn es dramatisch auf- und abgeht und sie richtig durchgeschüttelt werden. Hier können sie ihr eigenes Leiden und ihren eigenen Schmerz ausagieren und verstärken so den bereits vorhandenen Schmerz des Besetzten.

Aber nicht nur eine latente Suchtstruktur, negative Selbsturteile, Selbsthass etc. machen uns anfällig für diese negativen Energien. Auch eine schwere Krankheit, die in eine Bewusstlosigkeit führt, oder eine Operation mit Vollnarkose öffnen unser Energiefeld, unsere Aura, für Besetzungen. Und wenn zur Nachsorge starke Schmerzmedikamente verabreicht werden, kann das ebenfalls Energien anziehen, die ihre Sucht auf uns übertragen. Narkosen, Drogen und Süchte jeder Art bringen uns aus unserer Mitte und machen uns offen für Besetzungen.

Während wir bei diesen Formen der Besetzung also bewusst oder unbewusst unseren Anteil beitragen, indem wir einen Resonanzraum bereitstellen, gibt es auch Besetzungen, die weniger mit uns selbst und mehr mit der besetzenden Energie zu tun haben.

So gibt es Besetzungen durch einen verstorbenen Partner. Insbesondere krankhaft eifersüchtige Menschen können auch nach ihrem Tod manchmal nicht von ihrem Leiden lassen und energetisch so stark mit ihrem noch lebenden Partner verbunden sein, dass sie ihn weiterhin für sich behalten wollen und dahingehend beeinflussen. Für den Zurückgebliebenen wird eine neue Partnerschaft oder auch nur ein glückliches Weiterleben ohne den verstorbenen Partner verhindert, indem der Einfluss des Verstorbenen pausenlos Schuldgefühle suggeriert.

Dasselbe kann natürlich auch in gewerblicher Hinsicht geschehen! Verstirbt ein Firmengründer, der sehr intensiv mit seinem Imperium verbunden war, so kann eine Situation entstehen, in der die Seele des Firmengründers seinen Nachfolger besetzt. Er haftet sich ihm an, um das Geschehen in der Firma weiterhin selbst zu kontrollieren. Die besetzende Energie kann dabei über den oft starken Einfluss, den sie auf die Entscheidungen des Nachfolgers ausübt, der Entwicklung der Firmenstruktur eine komplett andere oder neue Richtung geben.

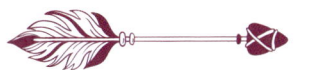 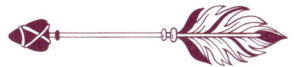

Übung 10:

SCHUTZRITUAL

Sitze oder stehe aufrecht, zentriere dich, und atme ein paar Mal tief durch. Dann visualisiere ein goldenes Flimmern, eine sacht schimmernde Energie, die sich von deinem Kopf aus über dich ausbreitet. Stelle dir vor, wie diese Energie deinen ganzen Körper einhüllt: deinen Kopf, deine Schultern, deine Arme, deine Brust, deinen Rücken, deinen Bauch, deinen Unterleib, dein Gesäß, deine Beine, deine Füße. Ziehe diese goldene Schutzhülle bewusst über dich. Sei gewahr, dass dich diese Hülle von allen negativen Energien abschirmt, gleichzeitig aber die Berührungen der positiven Energien deiner Mitmenschen und anderer Wesen hindurchlässt. Du ziehst keine Ritterrüstung an, sondern ein geschmeidiges, durchsichtiges Gewebe aus Licht.

Im Laufe deines Tages kannst du diese schimmernde Energiehülle immer wieder einmal visualisieren und dich an ihr erfreuen.

Eigenbesetzungen

Eigenbesetzungen sind Energien, die heute in deinem Feld wirken, deren Ursachen jedoch in einer deiner früheren Inkarnationen zu finden sind. Wie bereits erwähnt, finden sich die Erfahrungen voriger Leben in deinem schattenhaften Unterbewusstsein bzw. dem Zellgedächtnis. Diese im verborgenen liegenden Energien können dich heute steuern, ohne dass du persönlich darauf einwirken kannst. Du bist quasi von deinem eigenen früheren Selbst besetzt.

Da sich durch diese Art der Einflussnahme dein Unterbewusstsein verändert, verändert sich auch dein Bewusstsein, und das wirkt sich auf deine Realität und deine Sichtweise aus. Dadurch bist du unter Umständen nicht in der Lage, die richtigen Entscheidungen zu treffen, nämlich diejenigen, die es dir ermöglichen, deinen Seelenplan zu erfüllen.

Starke Ängste, für die es in deinem jetzigen Leben keinen wirklichen Grund zu geben scheint, sind häufig ein Hinweis auf solch eine Form der Besetzung. Vielleicht wurdest du in einem früheren Leben verfolgt und mit dem Tod bedroht, und diese Erfahrung hat sich als Energie so sehr in deinem schattenhaften Unterbewusstsein festgesetzt, dass sie in deinem jetzigen Leben immer wieder an die Oberfläche drängt. Sobald irgendetwas dich an eine dieser schattenhaft vorhandenen Ereignisse erinnert, kommen alle Gefühle, die damit in Verbindung stehen bzw. gestanden haben, und in diesem Fall Todesängste, hoch. Du kannst dir deine heftige Reaktion vermutlich gar nicht erklären. Aus Sicht deiner Seele ist sie jedoch logisch und berechtigt. Es brauchen auch gar nicht äußerst dramatische Erlebnisse zu sein, die heute eine überschießende, unangemessene Reaktion triggern: Vielleicht sind es nicht geweinte Tränen, nicht gelebte Gefühle aus früheren Leben, die du jetzt ausagierst.

Implantate

Mit Implantat ist in diesem Zusammenhang kein künstlicher Zahn und auch keine Spenderniere gemeint, sondern, ähnlich wie diese, eine dir eingepflanzte Energie, die den Zweck hat, dir zu dienen. Manchmal allerdings wirken solche Energien weiter, obwohl sie ihren Zweck längst erfüllt haben. Dann können Probleme entstehen, denn das Implantat kannst du mit dem Verstand nicht begreifen oder identifizieren, und trotzdem hat es eine immense Wirkung auf dein Bewusstsein und in der Folge, wie du schon weißt, auf deine Realität und die Entscheidungen, die du triffst. Ich möchte hier noch ein wenig näher auf den Hintergrund bzw. den Mechanismus eingehen.

Der Ort, wenn man es so nennen kann, von dem wir ursprünglich kommen, verfügt über keine Zeit und keinen Raum. Unsere Seelen erfahren die Qualitäten »Zeit« und »Raum« erst, wenn sie hier auf der Erde inkarnieren. Nach der Unendlichkeit und Grenzenlosigkeit unseres Ursprungsorts finden wir uns plötzlich in einer Welt wieder, in der es Körper gibt, die in sich oder auf sich begrenzt sind, die von Raum umgeben sind und von diesem abgegrenzt zu sein scheinen. Ebenso erleben wir hier, in unserer menschlichen Inkarnation, Zeit als linear, sie reicht also von einem Punkt, der Geburt, bis zu einem anderen Punkt, dem Tod. Das Leben erscheint endlich und begrenzt: Inkarniert wird Vergänglichkeit zu einer realen Erfahrung.

Der hauptsächliche Grund, aus dem wir überhaupt inkarnieren, ist unser Wunsch, Berührung auf körperlicher, geistiger und seelischer Ebene zu erleben. Dies sind die Erfahrungen, die die Seele machen möchte, der Schamane nennt dies den Seelenplan.

Damit wir in dieser physischen Welt nicht übermütig werden, haben wir in unserer geistigen Heimat sogenannte Schutzimplantate eingesetzt bekommen, die uns einen gewissen Respekt vor den Gefahren der natürlichen Umwelt vermitteln. Diese Implantate sollen keine Angst vor der uns umgebenden Welt erzeugen, sondern uns

nur davor warnen, dass gewisse Handlungen für unser körperliches Bestehen gefährlich sein können. Wir sind ja weder an räumlich begrenzte Körper und deren Limitierungen gewöhnt noch an die Vergänglichkeit unseres Lebens. Ohne solche Schutzimplantate würden wir uns vielleicht vor einen heranrasenden ICE stellen, nur um auszuprobieren, wie es sich anfühlt, überrollt zu werden – es wäre nur eine weitere Erfahrung, auf die wir schlicht neugierig sind. Allerdings wäre es auch die letzte Erfahrung, die wir in dieser Inkarnation machen könnten.

Schutzimplantate dienen also der Sicherung unserer körperlichen Existenz, die wir brauchen, wenn wir unsere ursprüngliche Absicht – Berührung zu erfahren – umsetzen möchten. Implantate sind Energieformen, die uns auf unserem Weg der Selbstentfaltung in dieser Inkarnation durch codierte Informationen begleiten.

Nach den ersten sieben Lebensjahren werden die aktiven Implantate in der Regel passiv. Bis zu diesem Alter haben wir meist gelernt, dass wir uns an Feuer sowohl wärmen als auch verbrennen können. Wir haben Schmerz erfahren und ihn als unangenehm kennengelernt. Damit haben wir eine natürliche Vermeidungsstrategie entwickelt, die sich mit zunehmendem Alter weiter verfeinert und uns auf unserem weiteren Lebensweg vor Gefahren bewahrt. Die Implantate werden dann nicht mehr benötigt und stellen sozusagen ihren Betrieb ein.

Durch manche Schockerlebnisse in der Kindheit können diese Implantate jedoch aktiv bleiben. Die Gedankenformen des durch ein Trauma beeinflussten Menschen verselbstständigen sich, und aus einem gesunden Respekt vor tatsächlichen, reellen Gefahren wird eine irrationale und unangemessene Angst vor imaginären Gefahren. Einfach ausgedrückt, sorgt ein Schock dafür, dass manche Implantate ihre Arbeit nicht einstellen, sondern im Gegenteil ihre Aufgabe allzu ernst nehmen und ihre Beschützerrolle übertreiben. Man assoziiert dann einen bestimmten Aspekt eines Erlebnisses (zum Beispiel Geschwindigkeit nach einem überstandenen Autounfall) generell mit Gefahr und entwickelt eine Angststörung, die einen am Leben hindern kann. Das Implantat reagiert jetzt bei jeder höheren Geschwindigkeit mit extremen Warnungen, die der Seele eine Bedrohung ihrer Existenz (eigentlich der Existenz des Körpers, in dem sie gerade inkarniert ist) signalisieren. Geschwindigkeit wird vom Implantat mit Schmerz oder drohender Auslöschung verbunden. Unkontrollierbare Angst entsteht. Und dann hat man schon bei Tempo 90 auf der Autobahn Angstschweiß im Gesicht.

Ein aktiv bleibendes Implantat hat also einen enormen Einfluss. Nicht nur beeinträchtigen die starken Ängste das Leben massiv, meist ist auch ein mangelndes Selbstwertgefühl die Folge. Das kann wiederum zu physischen Problemen führen, sodass man zum Beispiel beruflich keine freie Wahl mehr treffen kann, da sich im Hintergrund immer wieder die Angst bemerkbar macht, man könnte eine falsche Entscheidung treffen, die vermeintlich fatal enden würde. Auf diese Weise kann die Entschlussfähigkeit des Betroffenen beeinträchtigt sein. Sobald es um wichtige Entscheidungen geht, ist er blockiert, und genau daraus folgt dann das, was die Angst eigentlich zu verhindern versucht hat.

Als Schamane ist es eine meiner Aufgaben, solche aktiv gebliebenen Implantate zu entfernen oder zu deaktivieren. Passiv gewordene Implantate braucht man nicht weiter zu beachten, sie haben ihre Funktion erfüllt und befinden sich im wohlverdienten Ruhestand. Ein Implantat jedoch, das aus seiner Rolle des sinnvollen Beschützers unserer frühesten Jahre zum größenwahnsinnigen Herrscher unseres Lebens mutiert, sollte von einem kundigen Schamanen entfernt werden, damit das Leben angstfreier und somit leichter und erfüllender wird.

Der Schamane wird sich dafür in Trance in die Geistige Welt begeben, wo er mit den geistigen Wesen verhandelt, um ihre Unterstützung bittet und mit ihrer Zustimmung das Implantat im Energiefeld auflöst. Das ist leider eine Arbeit, die man nicht einfach selbst machen kann – hier braucht man wirklich die Hilfe von jemanden, der darin erfahren ist, in die andere Welt zu reisen, sprich einen Schamanen, der in der Lage ist, das Thema des Implantates an der Wurzel zu beseitigen.

Ist das Implantat aufgelöst, wird der Mensch wieder freier in seinem Wirken, er wird meist freundlicher und offener. Auch die sensitive Wahrnehmung feinstofflicher Energien wird stärker. Der Blick auf das eigene Leben und die Welt wird klarer, die Schritte in dieser Welt werden sicherer und die Entscheidungen nicht nur klarer und effizienter, sondern sie stehen auch im Einklang mit dem Seelenplan. Eine weitere Fessel wurde abgelegt.

Elementale

Bei der Beschäftigung mit Elementalen wird noch einmal die ganze Kraft der Gedanken deutlich, denn sie sind im wahrsten Sinne des Wortes Schöpfungen unseres Geistes. Es handelt sich um Energiewesen, die von unseren Gedanken und Gefühlen in die Welt gebracht werden. Sie entstehen aus starken Wünschen und ungezügeltem Verlangen und entwickeln ein Eigenleben wie jedes andere Lebewesen auch. Elementale sind also lebendige Energiewesen mit eigener Existenz, die nach ihrer Schöpfung unabhängig von ihrem Urheber sind – ein wenig wie der Besen des Zauberlehrlings. Aber wie funktioniert das genau?

Durch unsere Gedanken und Gefühle senden wir Schwingungen aus, und diese können sich zu Elementalen verdichten, die in ihrem Typus und ihrer Stärke der Qualität der von uns gesendeten Botschaft entsprechen.

Generell unterscheiden wir Elementale aus Gedankenwünschen und Elementale aus Wunschgedanken. Um sich den Unterschied zu merken, kannst du dir eine ganz leichte Eselsbrücke bauen: Bei den Gedankenwünschen kommt zuerst der Gedanke und dann der Wunsch, bei den Wunschgedanken ist es genau andersherum.

Elementale aus Gedankenwünschen

Bei den Elementalen der Gedankenwünsche kommt, wie gesagt, erst der Gedanke, dann der Wunsch. Wir alle stellen uns Tag für Tag oder zumindest öfter, als uns lieb ist, Dinge vor, die wir gern besäßen, hätten oder wären. Diese Dinge können sowohl materiell als auch immateriell sein: ein Traumhaus, ein eigenes Unternehmen, ein bestimmtes Auto oder Rennpferde und ein eigener Golfplatz oder körperliche Stärke, Mut oder Einfluss. All das sind Wünsche dieser Inkarnation, geweckt vielleicht durch Verlangen, Gier und oft genug auch Neid. Manche können auch positiv motiviert sein und positive Wirkungen entfalten. Ein großes Mitgefühl kann zum Beispiel den Gedankenwunsch nach altruistischem Verhalten erzeugen, wir können uns wünschen, uns mehr um andere zu kümmern. Wie auch immer diese Gedankenwünsche motiviert sind, sie entstammen unserem Vertrautheitsgedächtnis, der Erfahrung unseres täglichen Lebens. Solch ein Gedankenwunsch wird nun mit so starker Energie gespeist, dass er sich quasi verselbstständigt und zu einem eigenständigen Wesen mit eigener Agenda wird, einem Elemental.

Je stärker die Gedankenwünsche, desto stärker sind die Elementale, die wir erschaffen. Elementale setzen alles daran, die Gedankenwünsche umzusetzen – und ihnen ist es völlig gleich, ob diese Ziele positiv oder negativ sind. Ihnen geht es um das Erreichen der Ziele, sodass sie uns einerseits unterstützen können, sich andererseits aber auch als unangenehme Gewohnheiten manifestieren können, die aus Sicht des Elementals das Erreichen des Ziels schneller und einfacher ermöglichen.

Werden die Gedankenwünsche in diesem Leben auf gesunde Weise ausgelebt, gibt es mit ihnen auch keine großen Probleme. Wenn wir uns unser eigenes Unternehmen leisten können und uns dann nach der Gründung nicht verzweifelt nach einem zweiten sehnen, ist alles in Ordnung. Wenn wir die Möglichkeit haben, uns um andere zu kümmern, ihnen zu helfen und sie nach unseren besten Kräften zu unterstützen, ohne uns dabei selbst aufzugeben und gänzlich aufzureiben, ist das sicherlich eine gute Sache.

Werden solche Gedankenwünsche aus irgendeinem Grund aber nicht ausgelebt, weil es materielle oder gesellschaftliche Hindernisse gibt, weil wir Angst haben, weil unser mangelndes Selbstbewusstsein uns im Weg steht und wir uns selbst sabotieren, dann können diese Gedankenwünsche nach unserem Tod mit in die nächste Inkarnation genommen werden und dort Suchtcharakter entwickeln. Durch ihre machtvolle Energie klammern sich die Elementale auch im nächsten Leben noch an uns und beeinflussen unser Verhalten. Der Wunsch nach materiellem Besitz kann zur Gier nach immer mehr werden, das Mitgefühl in einen Helferkomplex umschlagen und die Freude am Erfolg zur Arbeitssucht werden.

Auf diese Weise werden Gedankenwünsche in der nächsten Inkarnation zu Wunschgedanken, bei denen zuerst der unstillbare Wunsch oder Drang da ist und darauf erst die Gedanken folgen und sich auf die Erfüllung dieser Wünsche richten.

Elementale aus Wunschgedanken

Die Wunschgedanken-Elementale sitzen also nicht mehr im Vertrautheitsgedächtnis, sondern eine Stufe tiefer im schattenhaften Unterbewusstsein, da die Energie aus unserer letzten Inkarnation stammt. Der Wunsch aus der oder den vorherigen Inkarnationen hat überlebt und erzeugt in dieser Inkarnation den Gedanken, mithilfe dessen Mittel und Wege gesucht werden, ihn zu erfüllen. Da die Person hierbei unter dem Einfluss der Emotionen aus dem schattenhaften Unterbewusstsein steht, die sie selbst kaum einordnen und auch nur sehr schwer bis gar nicht willentlich verändern kann, kann es sie sehr verwirren, sich von scheinbar aus dem Nichts auftauchenden, nicht rationalen oder angemessenen Wünschen geleitet zu fühlen. Und so empfinden sich solche Menschen oft als Getriebene, völlig von ihren unbewussten Wünschen gesteuert, ihre Gedanken einzig auf das Erreichen ihrer vermeintlichen Ziele ausgerichtet, von denen sie keine Ahnung haben, woher sie kommen.

Wunschgedanken bauen sich oft durch viele Inkarnationen hindurch auf und zeichnen sich dadurch aus, dass ihre Ziele unerreichbar bleiben und dadurch wieder mit in die nächste Inkarnation genommen werden, wo sie abermals stärker und verzweifelter werden. So kann sich zum Beispiel der Wunsch nach Kontrolle in der Familie nach und nach auf immer größere Menschengruppen beziehen, sich in vielen Inkarnationen zur absoluten Machtgier hochschaukeln, die letztlich nur die Weltherrschaft befriedigen kann. Dass ein Mensch mit diesem Wunsch zu andauerndem Unglück verurteilt ist, kann man sich leicht vorstellen.

Auch existenzielle Nöte, die sich verselbstständigen und losgekoppelt von ihren eigentlichen Beweggründen weiterexistieren, können von einer Inkarnation zur nächsten getragen werden.

Wenn jemand in einer vergangenen Inkarnation vielleicht als Soldat hinter feindlichen Linien kämpfen musste, wird sein starker Überlebenswunsch unter Umständen dazu geführt haben, dass er selbst töten musste, um ihn sich zu erfüllen. Die dabei entstehenden Elementale, die nichts weiter als das Überleben im Sinn haben, verknüpfen nun das Töten mit dem eigenen Überlebensdrang und führen dazu, dass der Mensch auch in seinen weiteren Inkarnationen tötet und diese Erfahrung mit dem Gefühl von Freiheit assoziiert.

Diese Person schwingt dann einzig auf der Ebene ihres schattenhaften Unterbewusstseins und ist nicht in der Lage, ihr eigenes Verhalten zu ändern.

Elementale sind also ähnlich wie Eigenbesetzungen, die ebenfalls Erfahrungen aus vergangenen Leben aus- oder weiterleben. Elementale sind jedoch emotional intensiver und schwerer aufzulösen, weil sie als eigenständige Wesen naturgemäß auch an ihrem eigenen Überleben interessiert sind.

Ein Klient von mir wohnte in einem großen Haus mir weitläufigem Garten, in dem eine nette Holzhütte stand. Eines Tages begann er, den unbezwingbaren Drang zu verspüren, einen Wintergarten bauen zu lassen, ganz so, wie all seine Nachbarn ihn besaßen. Seine Frau war strikt dagegen, sie sagte: »Otto, wir haben eine Terrasse, auf der wir sitzen können. Wir haben eine Gartenhütte, in der wir mit Freunden grillen können. Wir brauchen keinen Wintergarten!« Aber Otto konnte nicht auf seine Frau und nicht auf die Stimme der Vernunft hören, er folgte dem Drang, nicht nur einen Wintergarten wie die Nachbarn haben zu müssen, sondern einen besonderen, einen besseren. Mit 40 000 Euro hoch verschuldet kamen er und seine Frau schließlich in meine Praxis. Hinter dieser Art Drang steckt oft ein Wertigkeitsthema aus einem früheren Leben. Und nachdem ich Otto angeschaut hatte, fand ich schnell die alte Verletzung: Vier Leben zuvor war Otto alles weggenommen worden, er hatte all sein Hab und Gut verloren, und dieser Verlust wirkte unterschwellig in seinem jetzigen Leben. Nachdem ich diese wie ein Fluch wirkende Energie aufgelöst hatte, verschwand der dringende Wunsch nach einem Wintergarten, die Bestellung wurde storniert, und das Paar war fortan glücklich mit Terrasse und Hütte.

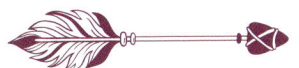 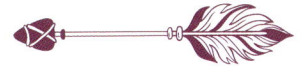

Übung 11:

WAS STECKT DAHINTER?

Wenn du das nächste Mal einen dringenden Wunsch nach etwas verspürst, dann nimm dir ein paar Minuten Zeit, hineinzuspüren, worum es bei diesem Wunsch wirklich geht.
Frage dich:
»Welches Loch soll das füllen? Wenn ich habe, was ich mir gerade wünsche, wie werde ich mich fühlen? Was wird sich verändern? Welches Bedürfnis versuche ich, mir mit diesem Wunsch zu erfüllen? Was brauche ich wirklich?«

Stelle dir vor, Peter hat den brennenden Wunsch nach einem neuen, tiefergelegten Rennflitzer. Er ist aber Familienvater mit zwei Kindern und einem Hund, und was er braucht, ist eigentlich eine Familienkutsche. Wenn Peter jetzt in sich hineinspürt, welches Bedürfnis ihm der gewünschte Wagen eigentlich erfüllen soll, dann findet er vielleicht heraus, dass er sich mehr Freiheit wünscht oder ein wenig Nervenkitzel braucht, oder er fühlt sich unattraktiv als Mann und wünscht sich Bestätigung. All dies ist legitim – aber es gibt sicher bessere Wege, diese Bedürfnisse zu erfüllen, als sich für ein unpraktikables Auto zu verschulden.

Auf diese Weise kannst du vielleicht nicht selbsttätig die im Unbewussten liegenden Seelenfesseln lösen, aber du gewinnst Abstand zu deinen Wünschen und lernst, die wirkenden Energien zu erkennen.

Die Hättis und die Mussis

Die nächste Seelenfessel ist eine, die die meisten von uns kennen und die wir uns selbst anlegen: das Hadern mit dem, was ist. Ich habe bereits angesprochen, wie schnell es geht, den Weg unseres Seelenplans zu verlassen, indem wir statt auf unseren ersten Gedanken – unseren inneren Kompass – auf unser Umfeld und äußere Einflüsse hören. Im Nachhinein sind wir dann meist schlauer, und wir setzen noch einen drauf, indem wir denken oder sagen: »Oh, HÄTTI doch nur …«

Das Tückische an diesem Gedankengang ist, dass er unseren Geist in die Vergangenheit bringt. Es wäre sicher besser gewesen, wenn wir uns an unserem Inneren orientiert und anders entschieden hätten, aber wir haben es nicht. Nun darüber nachzugrübeln, was alles anders gewesen wäre oder hätte anders sein können, wenn wir doch nur, blockiert unsere Energie nur noch mehr.

Deshalb möchte ich dir raten, jedes Mal, wenn du dich bei einem »Hätte ich doch nur«, dem, was ich »Hätti« nenne, ertappst, dir ab jetzt für die Erfahrung, die du aufgrund deiner Entscheidung gemacht hast, zu danken. Akzeptiere deine Entscheidung, und lasse sie dann gehen.

Etwas Ähnliches wirkt, wenn du mit deinem Geist in der Zukunft verhaftet bist. Ich nenne dies die »Mussis«, und ich bin sicher, sie sind dir vertraut. Stelle dir vor, du bist leicht angeschlagen und müde, brauchst ein wenig Ruhe, aber bevor du entspannen kannst, kommt dir deine To-do-Liste in den Sinn: »Das MUSSI aber doch noch …!« Nun ist die Entspannung dahin, denn deine Gedanken kreisen um das, was du noch alles in der Zukunft zu tun und zu erledigen hast, und du wirst die Bedürfnisse, die du jetzt hast, nicht mehr wahrnehmen und bestimmt nicht erfüllen können.

Eine weitere Sorte von Mussi ist es, wenn du in allem, was du zu erledigen hast, nur das Muss siehst: »Ich muss arbeiten gehen, ich muss die Kinder von der Schule abholen, ich muss heute einkaufen.« So gerätst du schnell in eine Geisteshaltung der Unfreiheit und Unzufriedenheit und wirst dein Jetzt als unnötig unangenehm und schwer empfinden.

Wenn du dich das nächste Mal bei einem »Ich muss« ertappst, dann ersetze es durch »Ich darf«: »Ich darf arbeiten gehen, ich darf die Kinder abholen, ich darf einkaufen gehen.« So wandelst du effektiv die Energie des Zwangs in die der Offenheit, der Neugier und der Dankbarkeit für alle deine Erfahrungen und Lebensumstände.

 # Dein Name

Unseren Namen haben wir nicht einfach so erhalten. Er ist ein energetischer Ausdruck unserer tiefsten Essenz, die sich in Klang ausdrückt. Bereits lang, bevor wir geboren wurden, ja, sogar lang vor unserer Zeugung, entstand der Klang unseres Namens im Universum. Dieser Klang ist so einzigartig wie du selbst und drückt nicht nur gleichermaßen deine Seele und deinen Seelenplan aus, sondern kann dich auch tatsächlich damit verbinden.

Während deiner Zeugung wird dieser Klang deinen Eltern übermittelt und in ihnen abgespeichert, sodass sie sich später, wenn deine Ankunft sozusagen »offiziell« wird, als ihren vermeintlich eigenen Einfall wieder an ihn erinnern. Oftmals verbringen sie eine lange Zeit damit, den richtigen Namen zu finden, suchen nach einer zündenden Idee in Büchern – und müssten letztlich doch »nur« ganz offen bleiben für die Inspiration des Universums. Dein Name ist wie ein Schlüssel aus Klang, der die Tür deines Herzens aufschließt. Wenn du diesen Namen nicht leiden kannst und ihn verniedlichst oder anderweitig veränderst, wirkt sich dies auch erheblich auf deinen Seelenplan aus. Es kann passieren, dass du dich durch einen Spitznamen deiner vollständigen Kraft beraubst und dir nicht zugestehst, ganz und gar deine Frau oder deinen Mann zu stehen, deine Essenz zu leben und damit sogar (materiellen) Erfolg zu haben. Es wird dir dann sehr schwerfallen, auf dein volles Potenzial zuzugreifen und das Leben zu leben, das du verdienst.

Glücklicherweise verschwindet unser Name nicht einfach. Wir haben jederzeit die Chance, ihn wieder voll anzunehmen und damit auch unseren uns zustehenden Platz in dieser Welt einzunehmen, unseren Seelenplan zu erfüllen und einen Weg zu gehen, der unser Herz erfüllt. Der Klang deines vollständigen Namens war für dich vorherbestimmt und verbindet sich mit der Melodie, die das Lied deiner Seele spielt. Du bist in der glücklichen Lage, dir dieses Lied immer wieder bewusst machen zu können und dir regelrecht selbst vorzusingen – durch deinen Namen.

Es gibt jedoch nicht wenige Menschen – und vielleicht gehörst du dazu –, die ihren Namen nicht mögen, sich sehnlichst einen anderen wünschen oder schlicht und einfach nichts mit ihm anzufangen wissen. Manchmal liegt das am schwierigen Verhältnis zu den eigenen Eltern, die uns diesen Namen vermeintlich gegeben haben. Wir sind vielleicht immer innerlich zusammengezuckt, wenn unsere Eltern unseren Namen ausgesprochen haben. Der Klang unseres Namens hat sich so mit negativen Assoziationen verknüpft, die immer noch unbewusst wirken – selbst wenn unsere Eltern unter Umständen schon seit Jahren tot sind. Vielleicht haben unsere Eltern unseren Namen nur dann in voller Länge und daher mit Nachdruck ausgesprochen, wenn wir ihrer Meinung nach etwas angestellt hatten und sie sauer auf uns waren. Dann riefen sie vielleicht mit strenger Stimme »Michael«, während sie uns sonst nur »Michi« genannt haben. Dann hast du zusätzlich zum Gewöhnungseffekt gute Assoziationen mit der Verniedlichungsform, aber ausschließlich schlechte Assoziationen mit deinem wirklichen Namen. Wie gesagt, kann die Benutzung einer Abkürzung oder Verniedlichungsform dich aber daran hindern, in deine Kraft zu kommen. Schließlich hat sich dein Seelenplan im Namen »Michael« niedergeschlagen und nicht in »Michi«. Der eine Name bezeichnet einen Mann, der andere einen kleinen Jungen. Der eine Name drückt das Übernehmen von Verantwortung und Erfüllen eines größeren Plans aus, die Verniedlichungsform ist eben genau das: niedlich! Diese Abkürzung hat keine Kraft und wird deinem wirklichen Wesen nicht gerecht. Sie bezeichnet dich weiter als kleinen Jungen, der auf seine Eltern angewiesen ist, der nicht in der Lage ist, Verantwortung für sich selbst zu übernehmen.
Es gibt sicher viele Gründe, den eigenen Namen nicht zu mögen. Vielleicht ist uns etwas zugestoßen, was uns gänzlich von unserem

Seelenplan abgebracht hat. Daher können wir den Klang unseres Namens nicht mehr wirklich verstehen. Er sagt uns nichts mehr. Wir wären gern jemand anderer.

Nehmen wir einmal an, du hießest Dorothea. Das ist ein ursprünglich griechischer Vorname, der »Gottesgeschenk« bedeutet. Jedes Kind ist selbstverständlich solch ein Gottesgeschenk, aber welcher Erwachsene kann sich noch als solches verstehen? Wer denkt wahrhaftig von sich selbst, dass er als Geschenk Gottes an die Welt geboren wurde? Und da du dies nicht annehmen kannst, weil du selbst ein viel schlechteres Bild von dir selbst hast als andere und als das Göttliche, hast du dich im Laufe deines Lebens vielleicht dazu entschieden, den Klang deines eigenen Namens nicht zu mögen. Die Leute nennen dich wahrscheinlich »Doro«, womit du noch halbwegs klarkommst, aber deinen vollen Namen hast du schon lange abgelegt. Doch damit hast du auch deine Aufgabe (nicht selten mit all ihren Gaben) in dieser Welt verneint, ein Geschenk zu sein und den Menschen Freude und Glück zu bringen. Das klingt jetzt vielleicht hart, aber im Kern ist es wahr. Du kannst deinen Namen nicht vollständig annehmen, und deshalb kannst du auch deinen Seelenplan nicht annehmen und erfüllen.

Überlege einmal genau, was dein Name bedeutet und was er dir über deinen Seelenplan sagen könnte. Es gibt viele Bücher über die Herkunft und Bedeutung von Namen. Ich kann dir wirklich empfehlen, dich damit auseinanderzusetzen, denn es birgt das Potenzial, vieles in dir zu heilen. Und solltest du ein problematisches oder gestörtes Verhältnis zu deinen Eltern haben, kann auch dieses durch die Beschäftigung mit deinem Namen verbessert werden. Deine Eltern haben diesen Namen »empfangen« und dir gegeben. Sie spielten also eine wichtige Rolle in deinem Seelenplan.

Aus welchem Grund auch immer du deinen Namen nicht vollständig akzeptieren kannst, lohnt es sich, dich mit ihm zu beschäftigen und ihn für dich neu zu bewerten. Um deinem eigenen Namen wieder

ganz unvoreingenommen zu begegnen und dich neu auf ihn einzu-
lassen, ihn neu anzunehmen und seine innerste Bedeutung zu leben,
empfehle ich dir die folgende Übung. Sowohl für dich selbst als auch
deinen Klienten ist diese Übung geeignet, die einen Menschen wieder
mit seiner ursprünglichsten Seelenaufgabe verbinden kann. Für diese
Übung benötigst du ein Blatt Papier, einen Stift und einen Bergkristallgriffel, den du in jedem Kristallgeschäft bekommen kannst.

Übung 12:

NAMENSLÖSCHUNG

Setze dich still und bequem an einen ruhigen Platz. Achte
darauf, dass du für eine Weile ungestört bleibst. Fokussiere
dich auf deine Atmung, lasse deinen Atem einfach frei fließen.
Gedanken und Gefühle können kommen und ebenso wieder
verschwinden.

Nimm dann ein Blatt Papier und einen Stift, und schreibe deinen Vornamen in großen Druckbuchstaben auf dieses Blatt.
Nimm dann den Bergkristallgriffel, und benutze die stumpfe
Seite ähnlich wie ein Radiergummi: Fahre immer wieder über
jeden einzelnen Buchstaben deines Vornamens, als würdest
du ihn wegradieren wollen, bis du das Gefühl hast, dass der
Bergkristall sich sehr leicht über jeden einzelnen Buchstaben
bewegen lässt. Vergiss auch nicht die Punkte über ü, ö, ä oder
i und j. Lösche auf energetischer Ebene alle irgendwie gear-
teten negativen Assoziationen, die du womöglich mit deinem
Namen verbindest. Auch alle damit verbundenen negativen
Erinnerungen an deine Eltern werden einfach vom Bergkristall
entfernt.

Drehe nun den Bergkristall um, und schreibe mit der spitzen Seite jeden einzelnen Buchstaben deines Vornamens neu. Fahre langsam jeden Buchstaben entlang, und fokussiere dich hierbei bei jedem einzelnen Buchstaben auf positive Assoziationen.

Wenn dein Name zum Beispiel Gabriele lautet, könnten die Assoziationen folgendermaßen aussehen:

G – großzügig, gutherzig, gebildet
A – achtsam, aufmerksam, attraktiv
B – bewusst, beliebt, beflissen
R – rechtschaffen, reizend, romantisch
I – intelligent, intuitiv, inspirierend
E – edelmütig, elfengleich, elegant
L – liebevoll, lustig, lebensfroh
E – engelsgleich, erfahren, einzigartig

Lautet dein Name Manfred, könnten deine Assoziationen so aussehen:

M – maskulin, markant, magisch
A – aufnahmefähig, anteilnehmend, abenteuerlustig
N – neidlos, nervenstark, nobel
F – freundlich, friedliebend, feinsinnig
R – ruhig, relaxt, redegewandt
E – ehrlich, einfühlsam, ehrenwert
D – durchsetzungsfähig, demütig, dankbar

Konzentriere dich beim Nachschreiben deines Namens mit dem Bergkristall auf jede dieser Eigenschaften – Buchstabe für Buchstabe und Eigenschaft für Eigenschaft. Wenn du deinen Namen dann komplett mit dem Bergkristall nachgefahren hast und ihn sozusagen neu geschrieben, neu aufgeladen hast, lege den Bergkristall auf das Blatt, und lasse beides für vier Wochen an einem relativ ungestörten Ort liegen.

Danach kannst du sicher sein, dass du alle alten und negativen Assoziationen mit deinem Namen gelöscht und neue, heilsamere Verbindungen geknüpft hast. Dein Name wird dir nun in der Form zum Besten gereichen, die seit jeher für dich bestimmt war. Du wirst genau die Kraft leben und entfalten können, die dir innewohnt und sich durch deinen Namen in dieser Welt ausdrücken möchte. Die Energie deines Namens kann dich ungehindert durchdringen, frei fließen und die Welt in der Form erreichen, die dir einen angenehmen Widerhall und eine dir dienliche Resonanz schenken wird. Dein Name ist nun frei – und du bist es ebenso.

Ich freue mich über jeden Menschen, der die pure Freiheit seines Namens und auch seines Lebensweges für sich nutzen und leben kann. Es ist mir eine Freude, wenn du nun auch wieder zu diesen Menschen gehörst und ich dazu einen kleinen Beitrag leisten konnte. Schenke der Welt dein Sein, und erfreue damit dich und andere. Deine Lebensfreude wird anziehend wirken, und du wirst dadurch mit all jenen Menschen und Begebenheiten in Resonanz gehen, sie anziehen, die zu deinem wahren Ich passen, zu deiner Freiheit und Kraft.

Eine Anmerkung möchte ich noch machen: Punkte auf den Buchstaben im Namen sind eine Besonderheit. Wenn dein Name ein i, ein j, ein ä, ö oder ü enthält, deuten diese Punkte darauf hin, dass in dir ein Potenzial und Können schlummert, das sich aufgrund verschiedener Ereignisse in deinem früheren Leben nicht entfalten kann. Hier solltest du besonders achtsam sein und lieber einmal mehr mit dem Bergkristall über den Punkt streichen, währen du die alten Assoziationen löschst. Und beim Setzen der Punkte, während du den Namen neu schreibst, solltest du ebenso alle Liebe und Zuneigung in deine Handlung hineinlegen.
Ein O soll dir zum Beispiel sagen, dass du in deinem früheren Leben ein in seiner Verantwortung Gefangener warst und dich deshalb in diesem Leben nicht frei entfalten kannst.

Die vorangegangene Übung eignet sich auch wunderbar, um sie mit deinen Freunden durchzuführen. Wenn du die Übung selbst einmal gemacht hast, wird es dir leichtfallen, sie auch für andere anzuleiten. So ist es auf dem seelenschamanischen Weg bei allem: Erfahre es erst am eigenen Leib, und gib es dann weiter! Mache dich mit allen Methoden gut vertraut, werde sicher in dem, was du tust. Und dann kommt irgendwann von ganz allein die Zeit, in der du aufgefordert werden wirst, dein Wissen weiterzugeben bzw. anderen Menschen hilfreich zur Seite zu stehen.

Seelenfesseln auf der Spur

Nachdem du nun verschiedene Formen der Seelenfesseln kennengelernt hast, schauen wir uns an, auf welchen Ebenen sie sich in deinem Leben manifestieren können und wie wir ihnen, auch als Nichtschamanen, auf die Spur kommen.

Der Körper

Im Laufe unserer zahlreichen Inkarnation wirken viele Einflüsse, von außen wie von innen, auf uns ein. So nehmen bereits die Gedanken unser Eltern, Großeltern und Urgroßeltern Einfluss auf die Eizelle und Samenzelle, aus denen wir entstehen, und dies bis zu zwölf Generationen zurück. Auch die Erlebnisse und Sinneseindrücke, die wir im Bauch unserer Mutter während der Schwangerschaft unweigerlich mitbekommen, prägen uns ebenso wie alle anderen äußeren Einflüsse danach, während unserer Schul- und Ausbildungszeit, mit unseren Freunden, Bekannten und unserem Umfeld, bis hin zu der Werbung, die wir unterbewusst aufnehmen. Alles, was wir bewusst oder unbewusst erleben, hinterlässt seine Prägung. Aber es sind nicht nur diese äußeren Einflüsse: Einige mehr haben wir aus früheren Inkarnationen mitgebracht. Wie du inzwischen weißt, gehören dazu Flüche, Schwüre, Eide, Versprechen, Gelübde (zum Beispiel Armutsgelübde, Schweigegelübde) und einiges mehr, von dem wir heute keinerlei bewusstes Wissen mehr haben und das wir mit unserem Verstand nicht dingfest machen können. Diese unsichtbaren, ungreifbaren Einflüsse aus vorigen Inkarnationen können uns jedoch sehr stark beeinflussen und dafür sorgen, dass wir bei der Umsetzung unseres Seelenplans ins Straucheln geraten und beginnen, mit unseren Aufgaben oder Erlebnissen zu hadern.

Gott sei Dank sind wir nicht in der Lage, unseren Seelenplan abzufragen oder einzusehen, geschweige denn, ihn zu verändern! Aber es gibt untrügliche Botschaften der Seele dafür, wenn du den Weg, den sich die Seele für diese Inkarnation ausgesucht hat, verlässt.

So sucht sich zum Beispiel die Seele bewusst ihren Geburtsort oder ihr Geburtsland aus, um genau dort, unter den gegebenen Bedingungen, ihre Erfahrungen zu machen. Verlässt der Mensch nun diesen Ort – vielleicht, weil er als Rentner ins sonnige Spanien auswandert oder, wie ich, von den Eltern von Österreich nach Deutschland verpflanzt wird –, so findet die Seele nicht die Bedingungen vor, die sie sich ausgewählt hatte. Oft folgt nun ein allgemeines und mehr oder weniger vages Unwohlsein oder Unglücklichsein: Der Seelenplan ist blockiert, und diese Botschaft wird deutlich gesendet. Häufig treten diese Botschaften in Form von Krankheiten, also von Unpässlichkeit auf: Etwas passt deiner Seele nicht.

Um zu verstehen, was deine Seele dir sagen möchte, solltest du darauf achten, was du aufgrund deiner Unpässlichkeit nicht mehr tun kannst oder woran dich deine Seele mittels der Unpässlichkeit hindert.

Lasse mich anhand eines Beispiels verdeutlichen, wie so etwas aussehen kann: Arthrose ist ein Verschleiß des Knorpels, wodurch starke Schmerzen und Entzündungsprozesse hervorgerufen werden können, die dann auch das Gelenk und die Knochen selbst angreifen. Im Schamanismus wird diese Erkrankung jedoch als ein »Kümmerer-Syndrom« gesehen. Die Entstehung einer Arthrose beginnt in den ersten drei Schwangerschaftsmonaten durch einen Gedanken der Ablehnung. Die Seele des Kindes fühlt sich zurückgewiesen, weil die Schwangerschaft beispielsweise nicht gewollt war, die Eltern sich große Sorgen machen, wie man in der heutigen Zeit ein Kind großziehen soll, oder durch den Wunsch: »Hoffentlich wird es ein Junge.« Hierdurch entsteht in der Seele das Gefühl, nicht willkommen zu sein. Im späteren Leben beginnt die zurückgewiesene Person, sich verstärkt um alles und jeden zu kümmern, damit sie Anerkennung, Achtung, Beachtung und Aufmerksamkeit bekommt. Da die Seele aber keinerlei Notwendigkeit sieht, sich Anerkennung erarbeiten zu müssen, sorgt sie dafür, dass die Person den Schmerz der Arthrose erleidet, damit sie endlich aufhört, sich für andere aufzureiben.

So kannst du eine Krankheit als Wegweiser oder Signalgeber deiner Seele verstehen, die dich zurück auf den Weg deines Seelenplans führen möchte.

In einer seelenschamanischen Heilsitzung würde nun das Problem folgendermaßen angegangen: Zuerst kann der Schamane die Verletzungen der Seele aus den ersten drei Schwangerschaftsmonaten löschen. In den nächsten acht bis zehn Wochen nach der Sitzung sollte der Mensch, egal, was er macht, immer laut zu sich selbst sagen: »Ich muss es nicht tun – ich darf es tun!« Durch diese Kommunikation mit der Seele wird das Unterbewusstsein nach und nach umprogrammiert, sodass der Mensch das Gefühl hat, niemandem mehr etwas beweisen zu müssen. Die Arbeit bleibt vermutlich dieselbe, doch die innere Einstellung zu ihr ist eine ganz andere – eine weitaus gesündere!

Wenn du auf die Botschaft deines Körpers achtest und etwas veränderst, wird die Unpässlichkeit deinen Körper wieder verlassen. Ihre Botschaft wurde erfolgreich vermittelt.

Fragen, um Seelenfesseln des Körpers aufzuspüren

Entwickelt sich dein Körper so, wie es deine Seele geplant hat?

Bist du in der Lage, deine verschiedenen körperlichen Aspekte – Mann, Frau, Kind – umzusetzen?

Wie waren die Gedanken oder Erwartungen deiner Eltern schon vor der Zeugung, während der Schwangerschaft und in den ersten sieben Lebensjahren?

Wenn sich schon eine Unpässlichkeit entwickelt hat, dann frage dich:

Was kannst du aufgrund der Unpässlichkeit nicht mehr tun?

Woran hindert dich diese Unpässlichkeit?

Welchen Vorteil bringt dir diese Unpässlichkeit?

Was würdest du verlieren, wäre deine Unpässlichkeit gelöst?

 # Der Geist

»Bedenke, dass deine Seele die Farbe deiner Gedanken hat«, sagte der römische Kaiser und Philosoph Marc Aurel. Ich würde dies umdeuten in »Dein Leben nimmt die Farbe deiner Gedanken an«, denn wie wir unser Leben wahrnehmen, ist abhängig von der Qualität unserer Gedanken. Jeder von uns hat schon einmal erlebt, wie ein negativer Gedanke die Welt um ihn grau färben kann.

Ähnlich wie mit unserem Körper verhält es sich auch mit unserem Geist. Unsere Gedanken und unser Geist werden ebenfalls durch die Erfahrungen, die wir aus früheren Inkarnationen mitgebracht haben oder in unserem bisherigen Leben machen durften, beeinflusst. Zum Beispiel haben viele Menschen heute ein Problem, Hilfe oder Unterstützung anzunehmen. Vielleicht erkennst du dich in diesen oder ähnlichen Aussagen wieder: »Danke, ich schaffe das schon, mache ich lieber selbst, vielen Dank, aber ich brauche keine Hilfe, ich komme schon klar.« Solche Sprüche können ihren Ursprung in einem deiner früheren Leben haben, in dem du einen Fluch gegen dich selbst ausgesprochen hast, keine Hilfe mehr anzunehmen, vielleicht, weil du, als du fremde Hilfe angenommen hast, ausgeraubt, schwer verletzt oder auch »nur« gedemütigt worden bist.

Derart ist uns meistens nicht klar, wie viel unbewussten Einfluss die Erfahrungen unserer früheren Leben auf unsere Gedanken und damit unsere heutigen Entscheidungen, Wünsche und Lebensvorstellungen haben. Denn, um das noch einmal klar zu sagen, es sind unsere heutigen Gedanken – die, die wir bewusst denken, und die, die so verborgen in unserem Geist herumspuken, dass wir sie nicht wahrnehmen –, die unsere Realität bestimmen. So kommt es dann, dass du etwas bestellst, und dann bekommst du viel mehr oder etwas völlig anderes, als du erwartet hattest. Das kommt häufiger vor, als man denkt, weil die Gedanken, die letztlich die Bestellung aufgeben, nicht immer mit unserem Bewusstsein übereinstimmen. Daher ist es am besten, etwas zu bestellen, ohne Erwartungen daran zu richten, wie es aussehen soll. Dann kannst du sogar manchmal positiv überrascht werden.

Als besten Lehrmeister sehe ich immer die Natur. Und das wäre sie auch für uns alle, wenn wir uns durch unseren Geist nicht selbst blockieren würden. Oftmals bekommen wir die richtigen Informationen, sie gehen aber inmitten unseres Gedankenwusts unter. Wir können sie nicht hören. Es ist deshalb wichtig, dass wir jede Möglichkeit nutzen, uns von äußeren Einflüssen abzugrenzen und aus unserem Gedankenkarussell auszusteigen. Ist der Geist erst einmal ruhig, dann wird es einfacher, unserer Intuition zu folgen und sie nach und nach zu stärken. Unsere Gedanken sind eingefärbt von all den Einflüssen, denen wir ausgesetzt sind, während unsere Intuition direkt mit der Natur verbunden ist und aus unserer Seele spricht. Sie ist stärker als unsere Gedanken – wir haben lediglich verlernt, uns auf sie zu verlassen.

Eine der wichtigsten Lektionen meines Lebens, die ich lernen durfte, war, meiner Intuition zu vertrauen. Habe ich das getan, dann lag
ich immer richtig. Bringe deshalb regelmäßig deinen Geist für einige
Minuten zur Ruhe, und du wirst in die Lage versetzt, dich auf deine
Intuition – dein inneres Navigationssystem, das bei jedem von uns
zur Grundausstattung gehört – zu verlassen. Leider jedoch schalten
sehr viele Menschen ihr Navi aus und hören stattdessen auf ihren
Verstand, lassen sich von ihren Gedanken leiten.

Fragen, um Seelenfesseln des Geistes aufzuspüren

Von welchen äußeren Einflüssen sind deine Gedankenmus-
ter geprägt worden (Eltern, Erzieher, Lehrer, Kollegen, Chef,
Nachbarn …)?
Spürst du eine Resonanz zu Schwüren, Flüchen, Eiden, Ge-
lübden, Urteilen?

Es gibt drei einfache Fragen, die du dir öfter stellen kannst,
um ganz tief in dein Unterbewusstsein einzudringen. Versuche es, und du wirst sehen, dass du mehr erhalten wirst, als
du erwartest!
Warum bist du hier?
Lebst du auf deiner Spielwiese?
Hast du Vertrauen in dein Bauchgefühl?

Geld, Erfolg und Harmonie

Zu Beginn dieses Buches habe ich erläutert, was wir unter der Alchemie des Lebens verstehen: Sie ist die richtige, ausgewogene, harmonische Mischung in unserem Leben, die die optimalen Bedingungen herstellt, unter denen wir unseren Seelenplan bestmöglich erfüllen können. Die Seele plant dieses Leben aufgrund dessen, was sie erleben möchte – von diversen Lernaufgaben bis hin zu der Schwingung des Vornamens, den sie in diesem Leben tragen möchte. Und wenn dieser Weg erfolgreich gegangen wird, wenn die Seele in Harmonie mit ihrem Plan ist, dann stellt sich äußerer Erfolg ein – und damit meine ich auch Geld. Sobald aber jemand aufgrund seiner unterschwellig wirkenden Seelenfesseln mehr haben oder mächtiger, größer, reicher sein möchte, als sein Plan vorsieht, dann behindert er sich selbst. Es entsteht Dysharmonie, der Erfolg bleibt aus und damit der Geldsegen. Schulden oder finanzielle Sorgen sind also, genau wie Unpässlichkeiten, ein untrügliches Zeichen dafür, dass bei dir Seelenfesseln am Werke sind.

Ein Beispiel, wie sich eine Seelenfessel auf die Finanzen auswirkt, sind die Schnäppchenjäger. Sie denken, sie hätten einen hervorragenden Gewinn gemacht, weil sie Firmen und Händler immer und immer wieder im Preis drücken, aber dann büßen sie ihr gespartes Geld wieder ein, indem sie höhere Steuern und Abgaben zahlen müssen, damit die entlassenen Mitarbeiter der Firmen, die in Konkurs gegangen sind, mit Arbeitslosengeld unterstützt werden können.

Wenn du nun die Blockaden, die du aus früheren Leben und aus den Erlebnissen bis zum heutigen Tag mitgebracht hast, auflöst und fortan auf dein Bauchgefühl hörst, wird sich automatisch die Harmonie einstellen, die deine Seele geplant hat und die du für ein erfülltes Leben brauchst. Du wirst in finanzieller, beruflicher sowie privater Hinsicht immer so viel besitzen, wie du selbst in deinem Seelenplan bestellt hast: nicht mehr, aber auch nicht weniger.

Stelle dir das praktisch so vor, als hättest du geplant, mit dem Auto von München nach Hamburg zu fahren. Leider hängt aber ein großer Anhänger voller Schrott an deiner Anhängerkupplung. Der Weg ist also reichlich beschwerlich, und so beginnst du schließlich, den Anhänger Stück für Stück zu entrümpeln und Ballast abzuwerfen. Schließlich kannst du ihn ganz abhängen, und gemäß der Leistung deines Autos fährst du befreit nach Hamburg weiter, um dein Geld abzuholen.

Fragen, um Seelenfesseln deines Erfolgs und deiner Finanzen aufzuspüren

Wie sieht deine finanzielle Situation aus?

Hast du Schulden?

Kontrollieren dich Geiz, Neid, Missgunst oder Ängste?

Sprenge
deine
Fesseln

In den letzten Kapiteln sind wir weit in die Tiefe gegangen und haben Blockaden gelöst, deren Ursachen Generationen und Inkarnationen weit zurückliegen können. In diesem letzten Abschnitt möchte ich dir nun ein paar »Entfesslungskünstler« vorstellen, die dich jederzeit unterstützen können. Denn gemäß dem schamanischen Weltbild bist du nicht allein, sondern verwoben mit allem, was um dich herum ist. Du brauchst also nicht weit zu reisen, um einen Lehrer oder Heiler zu finden. Oft genug genügt es, dich einmal aufmerksam umzuschauen.

Der Nackengriff

Eine gute Möglichkeit, Blockaden aus früheren Leben aufzulösen, ist der sogenannte Nackengriff. Das Besondere an diesem »Entfesslungskünstler« ist, dass du nicht einmal wissen musst, welche Blockaden dich genau belasten oder woher sie stammen. Man kann den Griff leider nicht allein ausführen, sondern braucht jemanden, der ihn an einem anwendet. Ich beschreibe die Technik im Folgenden für denjenigen, der sie durchführt.

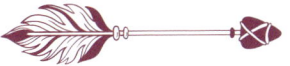 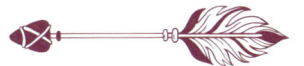
DER NACKENGRIFF

Stelle dich als Therapeut seitlich neben deinen Klienten. Stimme dich energetisch auf ihn ein. Der Klient steht mit geschlossenen Augen und locker an der Seite hängenden Armen da. Deine rechte Hand führst du nun an den Nacken des Klienten und greifst mit Daumen und Zeigefinger an die Basis des Schädels. Deine Finger ruhen auf den beiden Felsenbeinen der Schädelknochen. (Diese kleinen Knochenfortsätze kannst du leicht an der Basis des Schädels ertasten.) Deine linke Hand legst du auf das siebte Chakra deines Klienten, also auf sein Schädeldach. Nun bewegst du seinen Kopf vorsichtig zuerst nach vorn und hinten, dann nach links und rechts. Danach lässt du den Kopf des Klienten sanft kreisen. Diese leichte Überdehnung lockert und löst die Blockaden, die aus unterbewussten und nicht verarbeiteten Erfahrungen aus früheren Leben stammen können und sich in den Faszien des Nackens festgesetzt haben. Dem Klienten wird es durch diese Technik wieder möglich, sich selbst zu spüren, in sich hineinzuhorchen, auf sich selbst zu vertrauen und dabei von alten »Geschichten« zu lassen.

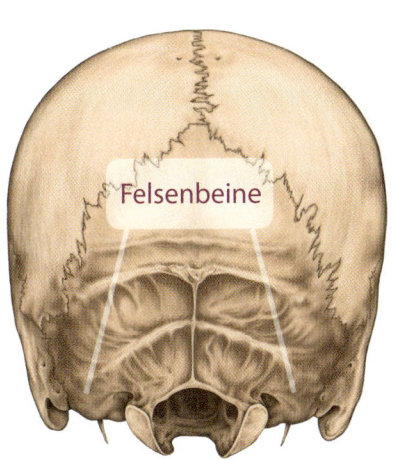

Felsenbeine

Die Heilkraft der Steine

Obwohl sich unsere Seele vor dieser Inkarnation einen Seelenplan mit zahlreichen zu erledigenden Aufgaben gestellt hat, hat sie nicht geplant, diese Aufgaben allein, nur auf sich gestellt, zu erfüllen. Immer wieder begegnen uns deshalb Lehrer, die uns für einen gewissen Lebensabschnitt begleiten und uns helfen, eine bestimmte Erfahrung zu machen, eine Aufgabe zu lösen oder überhaupt erst als solche wahrzunehmen. Manchmal erkennen wir unsere Lehrer erst im Nachhinein. Es ist nicht nötig, dass wir uns jetzt alle auf eine große Reise nach Indien begeben, um einen Guru zu finden, der uns zur Erleuchtung führt. Unsere wichtigsten Lehrer finden sich meist still und unauffällig in unserem alltäglichen Leben – und nicht alle sind menschlich! Wie ich bereits erwähnt habe, waren einige meiner wichtigsten Lehrer Steine. Vielleicht fragst du dich, was und vor allem wie du etwas von einem Stein lernen kannst. Nun, die wichtigsten Lektionen eines Steins bestehen in Achtsamkeit und darin, deiner Seele wieder gewahr zu werden. Das Wie ist damit eng verbunden.

Ich hatte das Glück, die Sprache der Steine schon in meiner Kindheit erlernen zu dürfen. Während ich mit meiner Großmutter durch den Wald und über die Wiesen den Fluss entlangstreifte, lehrte sie mich, dass alles um mich herum – die Bäume, die Wiesenpflanzen, die Wolken, der Fluss, die Fische und auch die Steine – beseelt ist. Jede dieser Seelen kommt mit ihrem eigenen Seelenplan hier auf die Erde. Der Platz, an dem die Margerite wächst, ist nicht zufällig, sie hat ihn sich ausgesucht. Der Ort, an dem der Stein liegt, ist ebenfalls nicht zufällig: Er liegt genau dort, wo er gemäß seinem Seelenplan zu liegen hat. Und so hat mich meine Großmutter darauf aufmerksam gemacht, dass ich, wenn ich einen Stein aufhebe und achtlos in die Büsche werfe, den Seelenplan dieses Steins störe. Deshalb, so sagte sie, müsse ich den Stein fragen, bevor ich ihn aufhebe, ebenso wie den Baum, bevor ich mir einen Ast zum Spielen abschneide.

Das Fragen ist einfach. Wie aber verstehe ich, was mir der Stein sagen will? Früher mussten die Menschen die Sprache der Steine nicht extra lernen. Steine waren Teil des täglichen Lebens. Auf ihnen wurde gekocht und gebacken, sie wurden ins Feuer gelegt und später wie eine Wärmflasche mit ins Bett genommen. Die Menschen gingen bis in den tiefsten Winter hinein barfuß, und so waren die Füße ständig in Kontakt mit dem Boden, der Erde, dem Sand, den Steinen. Läufst du barfuß über Steine, bekommst du direkt die ersten Informationen. Wie fühlt es sich unter deinen Sohlen an? Sind die Steine warm? Kalt? Glatt? Rau? Spitz? Das ist die Einstiegslektion in die Sprache der Steine.

Die folgende Übung kannst du einfach einmal selbst machen – vielleicht jetzt gleich, auf einem Spaziergang oder draußen auf deiner Terrasse oder in deinem Garten.

 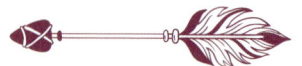

Übung 14:

KOMMUNIKATION MIT DER NATUR

Gehe mit deinem Partner oder auch allein barfuß durch die Natur. Schließe immer wieder die Augen, oder, wenn jemand dich begleitet, verbinde deine Augen. Konzentriere dich jetzt auf deine Füße und das, was du unter ihren Sohlen fühlst. Verbinde dich mit dem natürlichen Untergrund. Fühle die unterschiedlichen Qualitäten dessen, worauf du stehst oder gehst: Gras, Steine in verschiedenen Größen – Sand, Kiesel, kleine und große, runde und spitze Steine – oder auch Waldboden. Achte nun darauf, was dir die Steine über ihr Dasein, ihre Existenz seit Millionen von Jahren sagen. Bleibe immer wieder stehen, und rede mit den Steinen oder Mutter Erde – auch wenn du dir dabei vielleicht zunächst etwas albern vorkommst.

Dasselbe Gespräch kannst du auch mit Pflanzen, Bäumen und Sträuchern führen, auch mit deiner Zimmerpflanze. Setze dich zu der Pflanze, die du dir ausgesucht hast, und versuche, ihr im Wesen näherzukommen. Fühle ihre Präsenz. Und dann stelle deine Fragen.

Die Antwort des Steins (oder des Baums) ist eigentlich ganz einfach zu verstehen – vor allem, wenn du schon etwas Übung darin hast, deine innere Stimme zu hören: Achte auf deinen allerersten Gedanken. Deine erste Eingebung, das erste Bild, das sich dir zeigt oder das in deinem Geist auftaucht, ist die Antwort des Steins. Dabei ist es durchaus möglich, dass die spontane Antwort ist: »Ich möchte gerade nicht mit dir reden.« Achte und beachte die Antwort!

Auf diese Weise kannst du dich mehrmals am Tag auf deine Umwelt einstimmen, ihr Fragen stellen und auf die Antwort lauschen. Allein diese simple Übung kann viel bewegen: Indem du dich auf die Seelen deiner Mitwesen einschwingst und einlässt, kommt dein Geist zur Ruhe. Die vielen Fremdeinflüsse und Reize, die ständig auf dich einwirken und ein Gedankenkarussel in deinem Kopf in Gang bringen, treten in den Hintergrund, wenn du dich bewusst auf deine Umwelt einlässt, und die Stimme deiner Seele wird wieder hörbar. Indem du achtsam mit deinen Mitwesen umgehst und ihren Seelenplan respektierst, wirst du auch deine eigene Seele achten lernen.

Steine können dir aber noch auf eine zweite Weise dienen: als Anker für einen bestimmten Moment deines Lebens. Du hast vielleicht schon einmal von den Medizinbeuteln der nordamerikanischen Indianer gehört. Das sind kleine oder auch größere Beutel, in denen Gegenstände aufbewahrt werden, die während einer Visionssuche gefunden wurden. Über diese als heilig empfundenen Gegenstände ist es möglich, sich erneut mit der Energie der Visionssuche zu verbinden. »Medizin« hat im Schamanismus übrigens nichts mit Heilung zu tun, ein Medizinbeutel ist also keine Arzttasche (auch wenn die Medizinmänner und -frauen darin durchaus ihre Ritualgegenstände aufbewahren). Der Begriff bezieht sich vielmehr auf die Seele allen Seins – den heiligen und geheimnisvollen Aspekt, der uns allen innewohnt.
In ähnlicher Weise kannst du in einem besonderen Moment, einer besonderen Situation einen Stein, ein Stück Wurzel oder Holz, ein Schneckenhaus oder Ähnliches bitten, die Erinnerung an diesen Moment für dich zu halten.

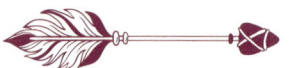 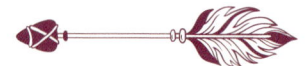

EINEN MEDIZINBEUTEL ANFERTIGEN

Bei vielen Naturvölkern gab und gibt es den Brauch, einen Medizinbeutel anzufertigen, der als Schutz und Unterstützung auf dem eigenen Lebensweg dient. Du kannst dir einen kleinen Beutel selbst nähen oder aber auch kaufen. Material und Farbe spielen keine Rolle, nimm einfach, was dir gefällt und zu was du dich hingezogen fühlst.

Da die Herstellung solch eines Medizinbeutels als heiliger Akt verstanden wird, brauchst du einige Zeit, um ihn vorzubereiten. Er begleitet dich dann aber auch den Rest deines Lebens, also musst du nichts überstürzen oder dich in irgendeiner Art beeilen. Besorge dir eine Handvoll weißen Salbei. Entweder kaufst du bereits getrockneten Salbei oder frischen und hängst ihn in kleinen Büscheln für zwei Jahre an einen dunklen, trockenen und warmen Ort.

Wenn der Salbei getrocknet ist, zerreibe ihn achtsam mit deinen Fingern, und vergegenwärtige dir dabei die schützende Kraft, die er dir schenkt. Danke der Pflanze, während du sie verarbeitest. Den Salbei füllst du in deinen Medizinbeutel und fügst einen Schutzstein hinzu. Das kann ein schwarzer Turmalin sein oder ein anderer Stein, der für dich persönlich schützende Eigenschaften verkörpert. Du kannst auch andere Dinge in deinen Beutel legen, die dich an wichtige Stationen auf deinem Lebensweg erinnern. Vielleicht hast du eine Muschel oder eine Feder, die dir viel bedeutet, vielleicht ein Stück Rinde deines Lieblingsbaumes. All diese Gegenstände kannst du durch die Macht deiner Gedanken mit schützender Energie aufladen und in deinen Medizinbeutel geben. Den fertigen Beutel kannst du fortan immer als energetischen Schutz bei dir tragen.

Ich selbst trage seit vielen Jahren einen Stein bei mir, der dir wahrscheinlich sehr unscheinbar und wenig besonders vorkäme, der mir aber viel bedeutet. Das ist unsere Geschichte:

Nachdem ich mit meinen Eltern von Wien, wo ich meine ersten Lebensjahre verbracht hatte, nach Deutschland umgezogen bin, verbrachte ich, da ich ja noch keine Freunde hatte, viel Zeit in der Natur. So führte mich mein Weg in den ersten Tagen an einen Fluss, und ich begann, mir einen Freund darin zu suchen. Ich ging barfuß im Fluss auf und ab und begann, mit Mutter Erde zu reden. Ich bat sie, mir einen Begleiter zu schicken oder zu zeigen, der mir auf meiner ganz speziellen Reise, die in meinem Seelenplan geschrieben ist, Gesellschaft leisten würde. Mein Blick fiel spontan auf einen Stein unter der Wasseroberfläche. Sehr vorsichtig bückte ich mich zu diesem Stein hinunter, und bevor ich ihn in die Finger nahm, fragte ich ihn, ob er mich auf meinem Weg begleiten möchte. Und seine ganz spontane Antwort, mein erster Gedanke, war, dass der Stein sich sehr darüber freuen würde.

Seit diesem Moment im Jahr 1962 ist dieser spezielle Stein mein ständiger Begleiter, der mir immer und immer wieder erlaubt, altes Wissen und Erinnerungen in mein Bewusstsein zu holen.

Bergkristall

Wenn du selbst einen Stein bittest, dein Begleiter und Erinnerungs-wahrer zu werden, gibst du ihm dadurch seine Bedeutung und Heil-kraft. Später musst du ihn nur ansehen oder in die Hand nehmen, um dich seelisch mit deinen wichtigen Momenten zu verbinden.

Neben dieser Rolle, die Steine als Lehrer und Gefährten innehaben können, gibt es auch Steine, die aufgrund ihrer Eigenschaften direkt Blockaden lösen können. Zu dem Thema Heilen mit Steinen gibt es ganze Enzyklopädien, die für jeden Kristall die zugehörigen Spezial-gebiete und Heilungseigenschaften auflisten. An dieser Stelle möchte ich dir nur den Bergkristall vorstellen, der sich wunderbar eignet, um Blockaden insbesondere des Stirnchakras oder Dritten Auges zu lö-sen. Blockaden des Dritten Augen entstehen oft in der Kindheit, wenn wohlmeinende Erwachsene immer wieder Dinge sagen wie: »Was du wieder siehst«, »Ach, was du dir wieder einbildest«, oder: »Was du da fühlst, ist Quatsch, vertraue mir, ich bin erwachsen!« All dies sind natürlich fesselnde Glaubenssätze, die die Erwachsenen selbst einmal als Kinder anhören mussten und verinnerlicht haben. Aber sie be-wirken, dass das Kind sich seiner Wahrnehmung nicht mehr sicher ist, beginnt, sich zu misstrauen, seine Intuition zu unterdrücken und sich insgesamt zurückzuziehen. Es sagt nicht mehr, was es denkt oder fühlt. Das Chakra verschließt sich und nimmt fortan keine Energien mehr auf, wodurch das Kind Dinge wahrnehmen konnte, die den Erwachsenen verborgen blieben. Hier kann der Bergkristall helfen – der Stein, der Reinheit und Klarheit schafft.

Übung 16:

DAS DRITTE AUGE ÖFFNEN

Nimm einen etwas kleineren, flachen Kristall, und drücke oder lege in dir auf die Stirn zwischen die Augenbrauen, auf dein Drittes Auge. Das verschlossene Chakra wird den Kristall anziehen, sodass er auf der Stirn kleben bleibt. Nun reinigt er das Chakra, löst die Verletzungen auf und sorgt dafür, dass die Reinheit und die Klarheit deiner Gedanken wiederhergestellt werden oder für dich wieder wahrnehmbar werden. Ist die Arbeit getan, löst sich der Sog, und der Stein fällt von selbst wieder ab. Das Chakra ist nun aktiviert. Ab jetzt wirst du wieder in der Lage sein, deinen ersten Gedanken zu hören oder zu sehen und dich, was noch wichtiger ist, auf dich selbst zu verlassen.

Menschliche Wegbegleiter

Während die Idee, dass ein Stein ein Lehrer oder Wegbegleiter für uns sein kann, vielleicht neu und erst einmal schwer nachvollziehbar ist (aber ich hoffe, du konntest dich dennoch darauf einlassen!), sind menschliche Lehrer ein höchst vertrautes Konzept. Dabei begegnen uns auch diese nicht immer in Form tatsächlicher Lehrer in der Schule, während der Ausbildung, bei der Ausübung eines Hobbys oder im Verein – oft genug sind unsere wichtigsten Lehrer Personen, deren Lektionen äußerst subtil sind. Sie sind unsere Mitreisenden im Zug des Lebens, die ein- und aussteigen, uns ein Stück begleiten oder auch den ganzen Weg über an unserer Seite sind. Jeder hat dabei sein eigenes Ziel und seine eigenen Gründe für die Reise. Im Nachhinein erkennen wir, dass manche dieser Mitreisenden uns als Spiegel, als Dualpartner oder als Gehilfen dienten und uns eine bestimmte Erfahrung überhaupt erst ermöglicht haben. Wie schon erwähnt, kann es enorm hilfreich sein, unsere Erfahrungen und Erlebnisse auch in Bezug auf unsere Mitmenschen nicht allzu ernst zu nehmen, denn dann können wir, mit ein wenig Abstand und Neugier, die Lektion leichter erkennen.

Unsere ersten und wichtigsten Wegbegleiter sind natürlich unsere Eltern sowie die übrigen Mitglieder unserer engen Familie. Auf Vater und Mutter, die uns durch die in Samen- und Eizelle gespeicherten Anlagen ebenso wie durch die unbewussten Einflüsse, die während der Schwangerschaft durch sie auf uns einwirken, besonders stark prägen, möchte ich hier nicht nochmal eingehen.

Eine der für mich wichtigsten Lehrerinnen – nach und neben meiner Familie – war Frau Kohler. Ich lernte sie kennen, als ich nach meinem Umzug nach Deutschland eingeschult wurde. Wie ich zuvor bereits erwähnt habe, war dieser Übergang nicht leicht für mich, nicht zuletzt aufgrund meines Sprachproblems, meines ausgeprägten österreichischen Dialekts, der mich direkt zum Außenseiter machte. Meine Klassenlehrerin Frau Kohler erkannte schnell, dass etwas auf meiner Seele lastete, und anscheinend erkannte sie auch ein gewisses Potenzial in mir, denn fortan ließ sie nicht locker, mich zu fördern. Was sich mit dem Abstand von vielen Jahren einfach schreibt, war keine einfache Erfahrung für mich! In der Tat verursachte mir die auferlegte Disziplin, die mich zwang, in mein Potenzial hineinzuwachsen, enormen Stress. Aber im Nachhinein könnte ich nicht dankbarer sein, denn durch Frau Kohlers konstante Bemühungen entwickelte ich das nötige Selbstbewusstsein, die Selbstsicherheit, die Stärke und das Vertrauen in mich selbst, die mir später auf meinem Weg so dienlich waren. Ich habe ihr das gedankt, indem ich sie bis zu ihrem Tod monatlich auf einen Kaffee besucht habe – und dieses Date habe ich eingehalten, selbst als ich einmal extra aus den USA hinfliegen durfte!

Einflüsse wirken immer in beide Richtungen. Vergiss nicht, dass auch du in jeder deiner Begegnungen deinem Gegenüber ein Lehrer und Wegbegleiter sein kannst. Dazu ist es unumgänglich, zuerst deine eigenen Seelenfesseln so weit wie möglich zu lösen. Hast du zu deinem inneren Gleichgewicht zurückgefunden, kommt das im Sinne der Alchemie der Seele deinem Seelenheil zugute. Besonders, wenn du dich entscheidest, selbst als Seelenschamane zu arbeiten, wird dadurch deine Begleitung deinen Mitmenschen, Schülern und Klienten dienlich sein.

Alles greift ineinander. Wir gehen unseren Weg nicht allein und isoliert von unserem Umfeld, sondern gemeinsam, und unsere Balance geht mit der Balance der Menschen, die sich uns anvertrauen, in Resonanz. Du kannst dir das so vorstellen, als würdest du einem Menschen auf einer wackligen Hängebrücke die Hand reichen, um ihm über die Lücke eines fehlenden Brettes hinwegzuhelfen: Wenn du selbst wacklig stehst und nicht im Gleichgewicht bist, wird deine Hand keine Sicherheit vermitteln, sondern euch beide und die Brücke noch mehr ins Wanken bringen. An diesem Beispiel wird deutlich, was ich immer wieder auch in meinen Kursen vermittle: Die Arbeit an deinem eigenen Selbst, an der Verwirklichung deines Seelenplans und auch an deinem eigenen Gleichgewicht ist unabdingbar für deinen Weg, insbesondere, wenn du anderen Menschen helfen möchtest.

Du würdest schließlich auch kein wertvolles Haus auf ein wackliges Fundament stellen, nicht wahr? Lege dein Fundament weise und in voller Wertschätzung für einen jeden Menschen, der dir begegnet.

Ich möchte dir jetzt noch eine kleine Übung an die Hand geben, mit der du deine Beziehung zu deinen Lehrern bereinigen kannst – insbesondere, wenn du weniger schöne Erinnerungen mit ihnen verknüpfst.

Übung 17:

SEGNE DEINE LEHRER

Zünde eine Kerze an. Gern kannst du dafür einen dir heiligen Ort aufsuchen, egal, ob das eine Kapelle oder Kirche, eine Waldlichtung oder ein spezielles Plätzchen an einem Fluss ist. Betrachte die Flamme für eine Weile, und dann sage die folgenden Worte:

»Danke, dass ich das erleben durfte.

Danke, dass du mir das gezeigt hast.«

Danke so deiner Mutter und deinem Vater und dann allen Personen, die dich in deinem Leben verletzt, verlassen, gedemütigt oder dir scheinbar geschadet haben.

Sage: »Ich segne dich und lasse dich frei!«

Auf diese Weise kultivierst du Dankbarkeit für alle Schritte, die du gemacht hast, alle Lektionen, die du lernen durftest, und du erkennst an, dass die Menschen, die damit im Zusammenhang stehen, dir in Wahrheit einen großen Dienst erwiesen haben.

Da Dankbarkeit insgesamt ein wichtiges Thema ist, möchte ich im nächsten Abschnitt noch einmal darauf eingehen.

 # Dankbarkeit

»Du wirst ernten, was du säst« ist, wie du vielleicht bemerkt hast, ein Bibelzitat, das ich gern einstreue, weil es so zutreffend ist. In Bezug auf deinen Garten ist die Bedeutung klar: Du säst Nelken und erwartest, dass Nelken wachsen und blühen, keine Stiefmütterchen. Im Umgang mit unseren Mitmenschen ist uns das nicht immer ganz so klar. Aber du weißt mittlerweile, wie leicht ein Mensch sich von der schlechten Laune eines Mitmenschen anstecken lässt und wie groß die Wahrscheinlichkeit ist, ebenfalls angebrüllt zu werden, wenn du selbst zuvor laut geworden bist.

Die Worte beziehen sich jedoch nicht nur auf den Umgang mit deinen Mitmenschen, sondern auch auf die kosmischen Gesetze, die wirken. Jegliche Energie – die deiner Gedanken und Gefühle genauso wie die deiner Taten – prallt am Ende auf dich selbst zurück. Je klarer du dir der unbewussten Einflüsse wirst und je weniger du aus deinen Verletzungen und alten Mustern heraus agierst, sondern aus dem, was deine Seele, dein Inneres, dir sagt, desto mehr kannst du dir deine Lebensumstände bewusst selbst erschaffen.

Wenn du die Ereignisse deines Lebens, insbesondere die unangenehmeren, als Lernaufgaben sehen kannst, statt dich in Vorwürfe, Selbstmitleid oder eine Opferrolle zu flüchten, dann hast du bereits eine wichtige Lektion gelernt: »Ich durfte dies erleben, um das dadurch zu lernen – danke!« ist eine Haltung, die dich in großen Schritten zurück in die Harmonie bringt.

Auch die altbekannte Form der Dankbarkeit, nämlich, sich für erfahrene Wohltaten zu bedanken und erkenntlich zu zeigen, lohnt es sich, zu kultivieren.

Dazu möchte ich dir eine weitere Geschichte aus meinem Leben erzählen. Als meine Zeit bei den Crow-Indianern in Montana sich dem Ende zuneigte, verspürte ich das Bedürfnis, mich für die lebensverändernden Erfahrungen, die ich machen, und alles, was ich lernen durfte, erkenntlich zu zeigen. Die Crow hatten kürzlich ein großes Stück Land, das eine Frau geerbt hatte, von dieser als Reservat zur Verfügung gestellt bekommen. Was lag also näher, als das Symboltier der Crow, den Büffel, als Dankeschön dazulassen. Ich kaufte vier junge Büffel und schenkte sie dem Stamm zum Abschied. Inzwischen ist aus diesen vier Tieren eine stattliche Herde von fünfhundert Büffeln geworden.

So kannst du dir immer wieder, wenn dir etwas Gutes widerfahren ist, überlegen, wie du deine Dankbarkeit ausdrücken kannst, sodass das Gute zurück- und weitergegeben wird und sich vervielfachen kann.

Ich versichere dir, dass sich dein Einsatz für andere immer auch auf dich auswirken wird. Energie geht niemals verloren und findet ihren Weg zu dir zurück. Die Geistige Welt wird dich vielfach segnen. Es wird zu dir zurückströmen, was du ausgesendet hast und bereit warst, einem anderen zu geben. Das, was du dir wünschst, sei stets auch bereit, zu geben.

Schlusswort

Indem du dieses Buch gelesen hast, hast du eine Reise durch alle deine Schichten unternommen. Du bist zurückgegangen in vergangene Leben, in die Reiche deiner Ahnen, in deine eigene frühe und früheste Kindheit. Du hast deine Gefühle und Gedanken und die deiner Eltern und Großeltern untersucht und bist deinen körperlichen Symptomen auf die Spur gekommen. Wenn dir dabei allerhand Blockaden begegnet sind, so konnten dich hoffentlich die Geschichten aus meinem Leben versöhnlich stimmen und dir Hoffnung geben. Ich habe dir hier Werkzeuge an die Hand geben, die dich von nun an begleiten werden und dir helfen, dich Fessel um Fessel zu befreien. Nutze sie! Denn jede Blockade, jede Seelenfessel, die wir auflösen, bringt uns näher an ein erfülltes, zufriedenes Leben, zurück in die Harmonie und in den Einklang mit unserem Seelenplan. Wenn dir diese Idee zu schwammig erscheint, dann stelle dir vor, wie es sich anfühlen wird, wenn du fortan deine Entscheidungen aus deinem tiefsten Inneren heraus treffen können wirst, wenn du einen starken, unbestechlichen inneren Kompass haben wirst, der dir die Richtung weist, weil du dir und deinen Entscheidungen völlig vertrauen kannst, unbeeindruckt von äußeren Einflüssen, die dich bisher manchmal hin- und hergeworfen haben wie ein Schiff auf unruhiger See.

Mögest du alle Fesseln abschütteln und frei sein, deinen Weg im Einklang mit deiner Seele zu gehen. Mögest du deinen Seelenplan erfüllen und in Frieden sein mit allem, was ist. Mögen deine Erfahrungen dich selbst und alle Menschen und Wesenheiten um dich herum bereichern.

Über den Autor

Reinhard Stengel, der »Rainbowman«, war lange im Management tätig. 2004 entschied er sich nach der Begegnung mit einem Medizinmann, als Heiler und Schamane zu wirken. Heute füllt der Vortragsredner und Trainer im gesamten deutschsprachigen Raum die Säle. Seine Erfolge in der Behandlung psychischer und physischer Störungen sprechen für ihn.

www.reinhard-stengel.de

Die ganze Welt des SEELENSCHAMANISMUS

Reinhard Stengel:

Rainbowman

Seelenschamanische Energiearbeit

208 Seiten
ISBN: 978-3-8434-1042-7

Lernen Sie die von Reinhard Stengel entwickelte »Seelenschamanische Energiearbeit« kennen. Der beliebte Schamane kann mittlerweile auf die erfolgreiche Behandlung von Hunderten von Patienten zurückblicken. Sein einzigartiges Vorgehen ist, verschiedene Traditionen miteinander zu kombinieren und aus jeder das herauszugreifen, was seinen Erfahrungen entspricht und sich in der Praxis bewährt hat.

Reinhard Stengel:

Was Finger verraten

*Seelenschamanische Deutung von
Krankheiten und Blockaden*

192 Seiten
ISBN: 978-3-8434-1261-2

Für den geübten und aufmerksamen Beobachter liefert der Körper
deutliche Signale, wo eine Störung vorliegt: Die Form der Finger
weist uns darauf hin, welche Konflikte wir anschauen sollten, was wir
annehmen und was wir verändern können. Denn jeder Finger hat im
Seelenschamanismus einen klaren Bezug zu unserem Innenleben.

Die Reihe »Seelenschamanische Energiearbeit«

Bildnachweis

Bilder von der Bilddatenbank www.shutterstock.com:

Layoutelemente: Linie unter Überschriften: #589715489 (© Liza Ievleva), Linie an Bildern: #700183852 (© ONYXprj), seitliche Bordüre, Federn, Pfeile und Traumfänger: #1246039942 (© Tartila)

S. 9: #1186229701 (© Grisha Bruev), S. 12: #145239934 (© Sunny Forest), S. 15: #527414320 (© hak seob kim), S. 16: #1099313243 (© dugdax), S. 21: #412683298 (© Bogdan Sonjachnyj), S. 24: #607308440 (© Piotr Krzeslak), S. 28: #372558571 (© Mainagashev), S. 35: #442240204 (© G_Suriyaraks), S. 38: #244377577 (© TORWAISTUDIO), S. 45: #407579188 (© Air Images), S. 47: #1015562425 (© Natalia Mikhaylina), S. 49: #92820310 (© Sunny studio), S. 52: #19776241 (© NatUlrich), S. 54: #111045215 (© Kotenko Oleksandr), S. 57: #1210994191 (© ASADCHA NATALIIA), S. 60: #47829298 (© Nagel Photography), S. 64: #670265524 (© Mary Sisco), S. 67: #447511465 (© Alick To), S. 71: #503206684 (© Antonio Guillem), S. 76: #457107673 (© LittlePerfectStock), S. 81: #527908621 (© Mircea Costina), S. 85: #79476640 (© irabel8), S. 90: #32917525 (© tankist276), S. 93: #543678310 (© Photography is my life), S. 98: #763696927 (© Piotr Krzeslak), S. 100: #1196187625 (© fizkes), S. 106: #1087682759 (© FabrikaSimf), S. 109: #1173431365 (© franz12), S. 115: #218733994 (© Creative Travel Projects), S. 119: #453635980 (© PopTika), S. 121: #504903217 (© stihii), S. 122: #439260406 (© Arporn), S. 127: #19937107 (© nesjerry), S. 128: #293900372 (© Pi-Lens), S. 131: #1354766000 (© Manop_Phimsit), S. 134: #248203909 (© PriceM), S. 137: #452513506 (© Volodya Senkiv)

Danke für deine **REZENSION**

— Gemeinsam sind wir mehr —

Liebe Leserin, lieber Leser,

von Herzen danken wir dir, dass du dieses Buch in den Händen hältst und es bis zum Ende gelesen hast. Das bedeutet uns, dem Schirner Verlag und seinen Autoren, sehr viel. Aus voller Überzeugung und mit Hingabe widmen wir uns seit vielen Jahren Themen, die unser aller Lebensqualität und Bewusstwerdung dienlich sind, und hoffen, einen Beitrag für eine lichtvollere Welt leisten zu können. Wenn dir unsere Arbeit gefällt, möchten wir dich bitten, dir einige Minuten Zeit zu nehmen, um dieses Buch zu rezensieren. Warum? Die meisten Menschen lesen Rezensionen, bevor sie ein Buch kaufen, da sie hierdurch einen Eindruck bekommen, ob und wie der Inhalt des Buches den Leser erreicht hat. Eine kurze Rezension ist dabei ebenso hilfreich wie eine lange, sehr ausführliche. Um es auf den Punkt zu bringen:

Eine Rezension ist heutzutage die beste Werbung für ein Autorenwerk!

Wenn du den Schirner Verlag und seine Autoren neben dem Buchkauf auch anderweitig unterstützen willst, dann bitten wir dich: Schreibe für jedes Werk eine Rezension – am besten auf der Seite, wo du es gekauft hast, und zusätzlich beim Schirner Verlag und bei Amazon. Das wäre nicht nur eine Wertschätzung für die Autoren, sondern kann dazu beitragen, dass die Verkaufszahlen steigen und der Schirner Verlag auch in herausfordernden Zeiten Bestand hat.

WIE SCHREIBT MAN EINE REZENSION?

Grundsätzlich sollte eine Rezension aus der eigenen, subjektiven Sicht geschrieben werden, da es sich um eine persönliche Meinung handelt. Du kannst in zwei Sätzen deine Gefühle zu dem Buch äußern oder eine längere Rezension verfassen. Falls du nicht weißt, wie du beginnen sollst, hier ein paar Anregungen:

- War das Buch leicht verständlich geschrieben? Wie hat dir die Sprache gefallen? Wie war die Aufteilung zu den verschiedenen Themen?

- War es unterhaltsam? War es deiner Meinung nach mit Herzblut und Liebe geschrieben? Wie hat es auf dich gewirkt?

- Hat es dein Herz berührt? Konntest du dich wiederfinden?

- War es tief greifend genug? Hast du viel Neues gelernt?

- Hat es gehalten, was der Titel und die Buchbeschreibung versprochen haben? Hat es deine Erwartungen erfüllt?

- Was macht das Buch besonders? Warum sticht es heraus im Vergleich zu anderen Büchern, die ein ähnliches Thema behandeln?

- Würdest du das Buch weiterempfehlen oder verschenken?

Dankeschön